他者ありて私は誰かの他者になる

――いま創《はじ》めるアザーリング――

折出　健二

目次

表紙画・各章扉の画…山下弘喜画集〈沈黙の小宇宙〉より

まえがき

（一）

「看脚下」とは京都のある寺院に掲げられていた書の言葉ですが、自分の足元で起こる出来事の中に、人類的な、あるいは社会的なテーマが生じているのです。「いま・ここで」という足元のリアルさは、過去と現在と未来の交差する点に立つ私たちの生きる現実です。生きるとは、この交差点に自分の足で立って、自分の意志で前に一歩踏み出すこと。そこには連続もあり、非連続もあります。

しかし、この命を表現する総体を、その人の「生きること」というのではないでしょうか。

そのとき、誰でもこれまでのその人の歩みの最も新しい地点にいるのですから、自分史で言えば最先端を歩んでいるといっても間違いではないのです。ですから、踏み出す一歩は自分にとって新たな課題になるのですから「その一歩が目標」ですし、それは自分史の最先端としての意味をもつので「その一歩に価値あり」なのです（参照、エッカーマン、山下肇訳『ゲーテとの対話』（上）岩波文庫）。

とても大切なことは、その「一歩」を支えてくれる他者という存在がいることです。他方、自分も誰かの「一歩」を支える他者になる主体です。この人間関係の原点を、私は「アザーリング」という言葉で表すことにしました。「アザーリング」の意味や今日的な意義については、Ⅲ章以下で詳しく述べます。

（二）

約五年前の東日本大震災で最愛の家族を失った方々、福島第一原発事故により避難生活を強いられている方々、こうした方々への支援を地道に続けてこられた各地の人たち。私はささやかなことしかできませんでしたが、皆さまのご苦労・ご努力に深く敬意を表し、思いを馳せつつ、その共通の合い言葉が「あきらめない」であることに共感をおぼえます。それぞれに顔を上げて〈次の一歩〉を踏み出しておられます。

被災された方々ばかりではありません。家計のことや今後の教育・医療・介護に備えて働きたいと思っても仕事が得られない。仕事を得ようにも保育の環境が整っていない。あるいは仕事に就いたものの、現場が労働基準法に抵触するような悪い条件でこのままでは働き続けられない。そうした思いで苦しんでいる方々も多いと思います。

さらに、若い世代も新たな課題を前に揺れています。少し前の統計ですが、十八歳から二十歳前半の若者の約41％が大学に、約8％が短期大学に、そして約23％が専門学校に進学するようになってきました（文部科学省サイト「大学・短期大学等の入学者数及び進学率の推移」より）。合わせると、約72％が高等教育の機会を得て、自己形成にいどんでいます。将来の職業選択や資格取得など、その人なりの志をもって大学・短大に入学したが、高い授業料と奨学金制度の貧困さのためにアルバイトに相当の時間を取られ、勉学との「二足のわらじ」をやりくりしながら、頑張っている人も多くいるでしょう。

それぞれの現実を前にして、次々とやってくる困難にめげないで、頭を起こし、一歩踏み出そうとしていることに、心から敬意を表します。私自身も、本書の中で述べるように、アルバイトをしながら大学生活を過ごした一人なので、共感するところ大です。

現実の困難さに向き合うなかで他者の助けを得て乗り越えることは、社会的で人類的な存在としての私たち一人ひとりが自分の生き方を営むことです。それは、詩人の吉野弘氏が名作「生命は」でうたったように、元々他者性を持つ〈いのち〉を守り育むたたかいそのものなのです。その普遍的なことが、日々の営みであまり意識されないで忘れられているのも現実です。それではせっかくかけがえのない人生を授かったのに、人生の何たるかを知らないままになってしまう。その最も宝とすべき「他者」の役割・意義を無にしないために本書をまとめることにしました。

(三)

さて、本書では、いくつかのテーマに分けて、話を進めていきます。前半では、現代日本の社会的現実で起きている事柄の意味、そのとらえ方に焦点を当てます。

私は教育学専攻なので特に教育論としては何が問題か、を中心に述べていきます。中程で「アザーリング」の意味をまとめ、後半では、学びや大学のあり方を問い直す素材として、平凡ですが私の大学時代の体験を綴ります。「大学紛争」のこと、ちょっとした旅の経験、そしてアルバイトのことなど。いずれも、私なりに新たな環境で「その一歩」を踏み出し、他者に出会う体験でしたが、そこには人生の学びへの大事なヒントがいくつもありました。学問の契機や素材は書物やライブラリの中にだけあるのではなく、様々な他者との実際の出会いや活動する人々の生き方、そのドラマの中に大事な素材があります。よく「わが人生の大学」といわれますが、高等教育機関の空間としての大学だけが大学ではない。そのことを少し掘りおこしてみました。

もう一つ、小さな本ながらも全体を通じて私が底流に貫こうとしている、ものの見方・考え方があります。それは、私が学生の頃にドイツの哲学者、ゲオルク・F・ヘーゲルの著作に出会って以来学び続けている弁証法の応用です。この立場から関係性について考え、人格の陶冶に欠かせない他者という存在、その意味と働きを本書では「アザーリング」としました。弁証法と他者については哲学の話になるのですが、本書の全体にそれは流れています。そのうえで、市民社会の発展する原動力は、その「アザーリング」の原理に沿ったコミュニティを築く過程、すなわち個人と個人の関係性と相互信頼・相互承認にあるとする見方を取っています。私が「いじめ」問題に長年関わってきた原点もそこにあります。このことが、この混沌とした現代社会の困難さにめげないで前向きに、元気を出して生き抜いていく指針となると考えているからです。

二〇一六年七月

折出　健二

Ⅰ　自分を信じて生きていく社会にするには

一　問い直したいこと

愛知における自主的な市民団体、あいち県民教育研究所（略称あいち民研）が発足して以来、二〇一六年現在で二十五周年を迎えました。あいち民研は、子ども青年の発達の保障ということを軸にして、子育て・教育・文化の現実と真正面から向き合い、必要な事案に対しては実態や事件の背景を調べながら、県民・市民と共にその解決を探り、また妥当なテーマでの提言を行ってきました。私は創設期から会員として、また運営の役員（一定の時期には所長も務めた。）として同研究所の活動に参加してきました。地元の西尾市で起きた「いじめ・自殺事件」、名古屋市の公立中学校を舞台とする「少年五千万円恐喝事件」など全国にも知られた事件にも、所員（総会で選任された研究・実践推進の会員のことで三十数名いる。）でチームを組んで現地の調査に入りました。

この歩みを踏まえると、改めて私たちは愛知において子どもたちの発達のチャンスをどう支え、子どもたちの中に自己肯定となる世界をどう積み上げてきているか、ということを問うべきだという思いです。

最近は「自己肯定感が大事だ」とか、「自己肯定感情を育てる」ということで、子育て・教育の秘訣のようなことが各界の著名な方から語られます。しかし、実際に、私たちは学校や地域において、逆に「自己否定」を子どもたちに累積させていくような場面をつくりだしてはいないか、あるいはそれを座視してはいないか。ここのところを大事な問題として捉えて、子ども問題・教育問題を見る際の底に置きながら、以下の各論を述べていきます。

二　何が問われているのか

1　子どもの「声」を聴く

まず、子どもの「声」を聴くということです。元大阪大学総長の鷲田清一氏（哲学専攻）が述べた「聴くことの力」には、私も賛同する一人です。一方、田中孝彦氏なども盛んに「子どもの声を聴く」ということを述べていますが、ここで基本的な論点として、「何を、どのような構えで聴くのか」ということがあると思います。それから、おとな自身が「聴き取られる」という体験を持たずして、子どもの「声」を聴くことはできないのではないか。私はそう考えます。

例えば、学校では子どもたちのトラブルに向き合おうとして、若い先生もベテランの先生もそれぞれ苦労されているのを私も知っております。しかし、ある先生はうまく子どもの聴き取りができて、別の先生は何かポイントがずれてしまう、あるいはどうしても指示的に走ってしまう。そういうことがあります。後者の先生は、自分が聴き取られて、悩みや戸惑いや不安がゆっくりと解きほぐされていったという体験をほとんど持ち合わせていないのではないでしょうか。

「聴かなければならない」で向き合っても、子どもは語ってきません。これは親と子どもの間でもそうです。だから「何を、どのように聴くのか」は、聴く方の人がその成長の過程で、何を聴き取られて、どういう言葉かけで肩の力が抜けたかという体験を持っていることを前提にしていると思います。

一番大事なのは、子どもの語ろうとして語れない、そこをじっくりと聴いていくことです。

二〇一五年八月二十九日・三十日、愛知県犬山市で、「第二十回　登校拒否・不登校問題　全国のつどい」が開催され、私はその実行委員長を務めさせて頂きました。二日間で六百五十名の参加があり、地元愛知からも二百名の参加を得て、大成功でした。これも各地から参集された実行委員会の皆さん、そして愛知の事務局の皆さんのご尽力・ご奮闘のたまものです。

二〇一五年の一月、私はその「つどい」の第一回実行委員会に初めて参加して、約三時間におよぶ「自己紹介」に驚くやら感動するやら、まさに語りあう文化との出会いでした。その空間こそ、わが子を介して自分の人生を振り返る一人ひとりの語りの交流であると知りました。じっと聴いていて、その場の人びとに語りながら、実は発話者は自分の背中に向けて語っているのだなと感じました。

その「つどい」の二日目の「わかれのつどい」で感動的な場面が生まれました。参加者を代表してお二人から発言を頂いたなかで、ある父親は、引きこもりの息子がひと言も口をきいてくれないなかで何かをつかみたいと「つどい」に参加したいきさつと思いをスピーチされました。息子は幼い頃に無理矢理「白馬岳」に父親が連れて行ったことをいま激しく非難していることを妻から聞いて知ったこと、ほかにもあわせると息子からは十個くらいの「非難」事項があるらしいこと、これにどう応えるかで悩んでいることを、途中から涙ながらに話され、大きな共感をよびました。

ここまでなら、引きこもる息子を持つ一父親の苦労ばなし、で終わることでしょう。しかし、違ったのです。「つどい」一日目の夜、フリー参加で、ただし女性は参加できない「おやじの会」がおこなわれ、その場で、その父親はつらい胸の内をはき出しました。すると、それを聞きつけたらしいある女性が「禁を破って」その部屋に入ってきて、「それは息子さんがお父さんのことを大好きだからですよ！」と叫んだそうです。この言葉に、その男性はハッと我に返って、こちらから息子に対して、あの山登りの強引さをわびるつもりになったというのです。

2　家族・家庭に対する学校の関わり方

教育現場では、父子家庭、母子家庭のいわゆる「ひとり親家庭」について、未だに、子どもの通知表などの所見に、「この子は『欠損家庭』で落ち着きがなくて」というふうに、安易に「欠損家庭」ということを書き込む教師がいます。これはアメリカの社会学のブロークンホーム broken home が「崩壊家庭」とか「欠損家庭」と訳されて六〇年代以降使われてきた名残です。ここには、父母揃っていて健全な家庭であって、そうでなければ「欠損家庭」という近代家族像が歴然と流れています。クラスで問題行動を起こす子どもはそういう家庭に育ったからであると、いとも簡単にその子どもを分かったかのような論理が、まかり通ってはいないでしょうか。

母子家庭で、母親が朝早い出勤で夜は遅く帰って、食事の世話、風呂のこと、身の回りのことも親の目が行き届かなくて、そのことが子どもの生活態度に出る。それで本人がいじめられたり、逆に、愛着不足や不満から問題行動を起こしたりするという一面は、あります。しかし、家庭は、その子自身にとっての居場所です。このこと自体をもっと教育現場は受け止めて、そこからどういうふうに本人がその家族とつながりを作っていくか。例えば親を手伝って食事の世話をしたというエピソードを聞きつけたら、その子に対してやっぱり心から共感をしてあげられるような、そういう教師の感性が必要です。

3　愛知型の新自由主義と保守主義

東京や大阪と違って、愛知のこの「ものづくり」と産業基盤の豊かさは、愛知独特の文化を形作っております。堅実でこつこつと実績を積み上げて、いざという時に世間に恥じない対応ができるように日頃から備えておく。こういう手堅い生活観を生み出しています。経済的・文化的な安定さに関しても、うまくいくのも弾き飛ばされるのも、その人自身の努力次第だという愛知流の「自己責任」意識が社会的に形成されているように私は思います。そこに、新自由主義の愛知版と言いますか、愛知の社会構造に屈折され媒介された新自由主義の現れ方があると私は考えています。

いろいろの組織や団体秩序において、あまり目立たずかつ遅れず、上手に中庸を守りながら位置づいていくことこそが自分の身の安全であり、また新たな地位や利益に繋がっていくという、そういう愛知的な保守主義を生み出してはいないでしょうか。そこのところをやはりきちっと見据えていかなければいけないと思います。

そのことが、特に思春期を迎える小学校高学年から中学生、高校生のあたりに社会の現実に対して、自分の言葉で自分のおかれている現実を精一杯語ることを却って封じている。そういう愛知的な逆説があるのではないか。これが教育研究者としての私の仮説です。最近流行の言い方で言えば、そのエビデンスは何か、となるでしょう。私は、必ずしも数値化されたものではないが、子どもの社会的現実を読み解く事実関係を通して、今の子どもたちの抱える問題に迫る機会を得ました。「大河内君事件」（一九九四年）、「少年五千万円恐喝事件」（二〇〇〇年）という愛知県下の大きな事件について、あいち民研の仲間と現地調査をさせて頂いたその経験から、いじめ事件や恐喝事件の構造を分析するなかでそのように考え方を鍛えられたのです。

その背景には、やはり産業基盤が豊かであり、自動車関連企業の中で一定の労働力の需要と供給が大きく崩れることなく保持されてきたこと、そのため地元で生まれ育ち、就職して、地元で家庭を持って二世代あるいは三世代が同居する家族が、他の都道府県に比べれば相対的に多く、地域社会が安定して続いてきたことがあります。

そうしたなかで、愛知の教育の現代性は何か、その中央指向の根強さは何から来ているのか、を見ていかないといけないでしょう。私たちが子どもたちと向き合う中で、自分と他者と対等であるという民主的感覚や現実を批判的に見る力、仲間が協力し合って物事をやり遂げていくという達成感をもっと大事にしてやらなければならないといえます。この社会性発達に対する子ども理解が背景にあってこそ、教師と父母との共同や対話が生まれてくるし、それが市民の、市民による、市民のための学校を生み出す原点になってくると考えます。

4　高校入試と若年労働者問題

愛知の高校入試制度は、一九八九年より複合選抜方式を採用しております。その導入の時、当時の名古屋大学小川利夫教授（故人）をはじめとして多くの教育学研究者が参加し、山田正敏愛知県立大学教授（故人）が事務局的なとりまとめ役を担って、県民にその入試制度を問い、いわゆる「十五の春を泣かせない」運動を起こしました。私も、この複合選抜制度導入反対運動に加わった一人であり、同じくこの運動に参加された研究者の方々と高校入試制度はどうあるべきかで議論を交わし、入手できる資料を精査し、その報告を県下の市民との対話集会で行いました。

そこでは随分と多くのことを学ばせて頂きました。それからおよそ二十七年。いま冷静に見るならば、やはり複合選抜方式は愛知における新自由主義的教育改革であったといえます。導入当初から、教育長はじめ教育行政の幹部たちや財界人も、愛知においてエリート選抜を質的に高くしていくうえでこういう「受験機会の複数化」が要るということを強調していました。それは、常に「計画進学率」の下に毎年一定の割合で高校入試からはずれる若者を再生産していく仕組みでもあるのです。今では世論を浴びて、計画進学率は数値的にも高まってきております。けれども、毎年必ず一定の割合の高校には進まない若年労働者を送り出す仕組みに変わりはありません。

そのことが、地元の産業界における経営層・中間層・作業層といった労働力の構造的なものを生み出すことにつながっていくのです。大学入試に特化した進学校を愛知県下の高校が目指していくことは、社会構造の視点から見れば、この複合選抜方式の入試そのものの持っている社会的・階級的な秩序の再生産というものに何らかの形で与していくことになるでしょう。他方、ほんらいの若年労働者の育成という観点からは、職場での労働と専門学校の履修とを結ぶとか、大学の夜間部あるいは通信制の履修を可能にするなど、その処遇に応じた高等教育を受ける機会をどう創り出していくかという課題が今後も当事者たちの声を聴きながら、きめ細かく行われていく必要があるでしょう。

5　参加を通して「市民」が育つ

これからは「十八歳選挙権」の時代です。二〇一五年の公職選挙法改正によりそれが実施されます。「子ども」概念が「子どもの権利条約」の精神に一層近づき、「若者」「おとな」の意味合いも国民主権からすると一層深まり、速いテンポで良い方向に進化していくでしょう。

こうした中で、第十二回愛知県教育懇談会が二〇一六年二月十日に開かれ、「児童生徒の市民性・社会性を高めるシティズンシップ教育のあり方」を議題として、出席者の間で意見が交わされました。これも「十八歳選挙権」の実施をうけてのことです。

大村知事は冒頭のあいさつで、「私はこれ（十八歳選挙権）はよいこと」と評価し、これに伴う学校教育としては「一定の範囲内」という枠付けはいるものの、「私はできるだけ自由に、自由闊達に、いろんなことをやっていただければ良いのではないかと思います」（愛知県のサイトで公開されている同懇談会議事録より）

と述べて、リベラルな観点を打ち出しています。このあと、日本シティズンシップ教育フォーラム副代表・水山光春氏（京都教育大）と懇談会のメンバー五氏がそれぞれの考えを述べています。

この問題での焦点は、私の整理では、新教育基本法の第十四条でいう「政治教育」をどう積極的にとらえ生かしていくか、主権者にふさわしい参加の内実をどうつくりだすか、にあります。

最近は「シティズンシップ教育」（市民性の教育）ということが一段と強調されるようになりました。若い労働者が自立した人間として、自分の言葉で語り、自分の思考でもって問題をキャッチできて、そしておかしいことはおかしいことと言える、そうした自立した市民を育てていくための教育が、労働教育の原点になっていくのではないでしょうか。

そうした課題を教員集団として受け止めて、教育課程のなかでどう教育内容として計画していけるかという議論を中学校・高校で起こしていかないといけないと思います。高校においては進学実績を中心に回って行く面も実際にあるでしょうが、その進学のベースになるのは子どもたちの、市民となる社会的意識と社会的知性であるという見方が大事です。ただ大学受験の前段階の高校という性格付けをしていると、これからの時代においては一層強まる競争の教育の問題を相対化できないままに、蟻地獄の中に落ち込んで行く様な気がしてなりません。

その意味で、社会参加を通して発達していく子どもの権利と、これを支援する教育の責務、こういう構図で思春期・青年期前期の教育課題を捉える必要があるでしょう。その役割を学校の教師だけに任せるのではなく、高校なら高校に通う子どもの保護者がどうこの課題に参加していくかということも重要です。高校生が接する機会の多い、地元の大人が、模範とまでは言わないにしても高校生にとって「将来はああいう大人の振るまいができるといいな」と思えるような市民的自立ぶりを見せていく必要があると思います。

6　子どもの「事件」と向き合う

子どもの生命や発達に関わるいろいろの事件が起きています。それらは一つ一つが固有の背景を持ち、固有の問題を抱えて起こっています。かといって、まったく個別に見て良いかというとそうではなく、それら固有な性格の中に、今日の社会の構造的問題、言い換えればおとな社会全般にも当てはまる問題があります。

依然として大きな問題は、中学生・高校生の自死事件です。一般には「自殺」が使われ、「自死」は少ないのですが、本書で私見を述べるときは「自死」を使います。というのは、個々のケースの違いはあるにせよ、当事者がみずから死をたどるに至ったという事実の重みがあること、また、当事者の遺書には「もっと生きたいけど」と、生きようとするがために死を選んだという葛藤と苦悩が「自死」にこめられていると解するからです。さらに、遺族としては、何度も何度もわが子の「自殺」、つまり自分を殺したと言われるのはたまらないという心情への配慮もあります。

他方、「自死」はかつての三島由紀夫のような割腹自殺、つまり自決につながるイメージも伴い、現実の中高生の死亡事例とは相容れないのではないか、という考えから「自殺」を妥当とする見方もあります。

言葉の問題はそれくらいにして、何が問われているかを述べます。

全国の都道府県で自治体としての「自殺予防」対策が進められています。例えば愛知県の場合、二〇一三年に『あいち自殺対策総合計画～「気づきと見守り」により生きやすい社会の実現を目指して～〈計画期間　平成二五年度～平成二八年度〉』を公表しました（愛知県のホームページ）。その発表当時の「ライフステージ別自殺」では「就学期」（高等学校までの時期）の「学校問題」がその世代の自殺原因・動機の多くを占めていることをグラフで示しています。さらに、「自殺対策は、いじめや不登校等教育上の問題、虐待問題、若年者の就労問題（以下略）など様々な課題に関わります」とし、これらの課題に自殺対策の観点から取り組むことを述べています。

そして、同対策によれば、「自殺は、個人の自由な意志や選択の結果ではなく、

『その多くが追い込まれた死』ということができます。その上で、「自殺はその多くが防ぐことができる社会的な問題」としています。

ところが、その「対策」となると、周囲の人の「気づきと見守り」になっていて、その「社会的課題」をつくりだすシステムの構造的な問題がまったくと言っていいほど抜けているのです。具体的には、「就学期」の自殺に関わる「危険因子」として「いじめ、不登校、虐待、思春期の精神疾患、学業不振」を挙げているのですが、激化している愛知の高校入試制度（複合選抜方式）の見直しなど、学校の競争秩序をどう改革するかという問題は言及が無いのです。また、自殺リスクを緩和する「保護因子」としては「命を大切にする教育、豊かな心を育む教育、（略）スクールカウンセラーの配置（略）」を挙げていますが、例えば少人数クラスの義務教育全学年での実現という具体的な政策観点が自治体行政の側にあるのかどうか、そこも論点になると思います。

そもそも一九九四年の「大河内君事件」の時に、彼があの長い遺書を残して問いかけたことは、いじめられた者自身の中に急速に深まっていく心的外傷というものを自分の言葉で懸命に我々に伝えようとしたことでした。そのいじめの構図は、いじめるグループと大河内君との関係だけでは捉えられないものがあったわけです。はっきりしているのは、この「事件」が、複合選抜方式の導入後五年目に起きたこと、加害少年たちは高校受験を目指している一定の成績をとる子どもたちであったこと、それに新しい戸建て団地ができて子どもの構成と共に保護者の構成にも変化が起こり、保護者同士のコミュニケーションのあり方も背景にはあったことなど、社会的な諸要因が絡んでいたことははっきりしています。

平凡な命題に聞こえるかも知れませんが、一人ひとりの子どもを「社会の中の子ども」として受け止め地域のおとなが子育てに参加する、というわが国の社会の基本線が定まっていないことが底流にある問題なのです。

7　オールタナティブな学びの機会

最近はオールタナティブな（本人がいまの居場所を基にいくつかの選択肢から選び取る、の意味）学びの機会という形で、登校拒否・不登校のとらえ方が変わってきています。なんでもかんでも選択肢を用意して「さぁ選びなさい」というふうにすればオールタナティブな機会を保障したかというとそうではありません。本人の居場所を認めて、それをより安定したものとして保障してあげる前提で、「あなたが選び取っていく」「あなたが求める学びというものを共に創っていきましょう」と本人に関わっていくことが必要です。それが学校以外の場・空間でも当然認められてよいし、学校の中でも、本人の発達課題に照らして見て、教室を離れた空間で本人の学びの拠点を見つけられるようにしていくということがあってよいのです。

冒頭で書きましたように、私たちが「聴いてあげる」のではなくて、子ども自身が問いかけていること、呼びかけていることに私たちが応答する。そういう関係性の積極的な捉え直しが必要です。これは、私がいじめ問題に関わって調査するうちに、一番突きつけられたことです。

子どもが当事者であること、このことを早くから明確に主張してこられたのは、愛知県東海市にある児童福祉施設の施設長をされていた祖父江孝文さんでした。今は故人となられました。祖父江さんはいつも子どもを「ちいさいひと」と呼んでいました。これは、子どもに対するリスペクトを自然な形で表した子ども観です。いつもこういう子ども観がベースにないと、オールタナティブな機会と言いつつも、おとなの都合で子どもを振り分けて線引きをすることになっていく危険性があります。

文部科学省の基本調査では、二〇一四年度の不登校の小中学生は前年度より約三千三百人増えて十二万二千六百五十五人になること、しかも小学生では全児童のその割合が過去最多であることがわかりました。一方で、義務教育の場をフリースクールなど小中学校以外にも広げる法案が準備されましたが、本稿をまとめているときの最新の情報では、衆議院文部科学委員会の審議入りは見送られました。元の法案にあった、「個別学習計画」の提出を不登校の保護者または支援者に課する点があらたな立法チームの座長試案では全面削除となるなど事態は流動的でしたが、改めて不登校児童生徒とはどういう子どものことをいうのか、そして不登校の児童生徒に関わる普通教育を、当事者の「教育を受ける権利」を基盤としつつ、国としてはどのように認知し支援していくのかについては、なおも検討すべきことが多くあります。

さらに、この間起きた川崎市の中一少年の暴行死事件、岩手の中二男子いじめ自死、そして大阪での中一女子の殺害事件など、ニュースを聴く度に胸の痛くなることが相次いでいます。その背景は一様ではありませんが、はっきりしているのは、子どもたちが安心して他者（ひと）を信頼し信頼される関係がいかに危ういものとなっているか、です。それらすべてを子どもの責任にしてはならないと思います。わたしたちの社会がどれだけ子どもにリスペクトをもって接し、子どもを若い（幼い）市民として育てることに日々配慮しているか、それができているかが問われているのです。

8　立憲主義・民主主義を守れ、の声の広がり

いま、民主主義の危機が広がっています。

民主主義のイロハから見ておくならば、この国を治めている統治機構が国家です。そこに暮らし生きる人々（国民）は、その存在の原理としては、国家からは自由であることを保障されるべき人権主体者です。この人権の保障を明文化したものが、我が国の現憲法です。立憲主義とは、国家の運営の根幹を成す憲法の原則に基づく統治のことです。それは、主権者である国民が時の政治権力を規制する原理です。よって立憲主義は民主主義の保障と進展にとっても不可欠の政治原理です。

しかし、安倍政権は、自民党と公明党の多数議席を根拠に立憲主義を破壊する策略、いや暴挙を重ねてきています。すなわち、「集団的自衛権容認の閣議決定」を強行し、これをバックとして二〇一五年九月十九日、国会で「安保法制関連法案」強行可決を行い、憲法九条に反して、戦争を行うことのできる国に同政権は

舵を切ったのでした。しかし、その法案が強行可決された参議院特別委員会では「議事録」において何が決まったかが明示されないで「可決」のみが記録されるという、立法府としては信じがたい、ずさんな手続きが見られました。

他方、沖縄・辺野古に普天間移転先と称して新たな基地を拡充する方策を沖縄県に押しつけ、オール沖縄で当選した翁長知事が建設工事の中止裁可を下したのに対し、沖縄の防衛局の却下申請を国が認めて中止を取り下げるよう指示する。こういう地方自治の全否定といえる国家の権力行使の実際が行われたのでした。沖縄県が国を訴える裁判にまで発展しましたが、本書が世に出る時点では、国と沖縄県が和解し、埋め立て工事は中止されました。今後も協議を続けることになっていますが、解決の方向はまだ出ていません。

ここには、わが国における、多数決の横暴、集団の力の乱用がはっきりと現れており、いずれも正義の力ではなく、組織の多数意思を通すがための力の行使であることは明白となりました。これら一連の動きが、日本国憲法の改正を狙う勢力によって進められていること、すでに「憲法改正」教育に、日本会議やその他の団体が中高生を対象にして乗り出す動きもあることを注視して行かなくてはなりません。

9　若者・女性の政治参加の広がり

二〇一五年九月十九日、国会で安保法制関連法案が強行可決された前から、その暴挙のあとも、例えば「学者・文化人の安保法制に反対する会」が集会を開き、学生・若者による「自由と民主主義を実現させる」緊急自主行動が各地に広がり、これらを含めた国会前行動や全国の反安保法制集会が実践され、その地域ごとの街宣や定期的なスタンディング、あるいはデモが取りくまれるようになりました。若い母親でつくる「ママの会」が全国の自治体ごとに作られ、抗議のレッドカラーをシンボルとする女性たちのデモ・集会も各地で起こりました。

例えば、学生たちの運動母体となったシールズは、その立場と役割を、

「ＳＥＡＬＤｓ（シールズ：Students Emergency Action for Liberal Democracy-s）は、自由で民主的な日本を守るための、学生による緊急アクションです。担い手は10代から20代前半の若い世代です。私たちは思考し、そして行動します」と公表しています（URL＝http://www.sealds.com/）。

これら多様な世代、多様な分野の人々の自発的行動は、かつてなかった広がりと勢いを見せています。現内閣＝安倍政権に対する異議申し立て・批判の声をあげることで、幅広く、世代を超えて連帯しているところに政治的な意義がありま す。それは、国家権力に対する市民・国民の立場からの意見表明・批判・抵抗となっているのです。これは、ここ二十年来、ほとんど見られなかった顕著な事象です。

特に、十代から二十代の学生・若者の行動は、特定政党によるお膳立てではなく自発的につながって自発的な運営で進められている点に、広義の自治的行動の姿が見られます。

こうした現象を生み出した背景として、かれらがこの間の約十〜十五年、曲がりなりにも総合的学習や教科外活動を通して、自分の言葉で多様な他者に発信することと、他者とつながるツールを自前で編み出してこれを文化にしていくこと、大勢の人々に向かってプレゼンテーションができること、など全国各地での学校教育の取り組みの成果が実っている面があると見て良いのではないか。私はそう考えています。

ヘーゲル（G. F. Hegel）は、『大論理学』の中で「否定的なものの中に肯定的なものをつかむ」（fassen den Positiven in dem Negativen）というあの有名なテーゼを述べています。まさに今、立憲主義を否定する権力の言動に抗して、逆に「立憲主義を守れ」の国民の声が顕在化し、対立を創り出しています。この点でも、市民社会の統治能力の可能性に対する弁証法的認識は有効であり、それを運動や実践に活用すべき時に来ているといえます。弁証法については、最後の章で詳しく述べます。

Ⅱ　社会参加のスタート地点

一　社会の現実に自分の足場を置いて、自分の言葉で

前の章で述べた安全保障関連法（通称安保法制）は、十一の法律を指しております。これらの法律は、二〇一五年四月二十七日に日米政府間で合意した「新たな日米防衛協力のための指針（新ガイドライン）」を実施するためにはその年の秋までには日本国内で同ガイドラインに沿った法整備をなんとしてもやると、安倍政権が米国に「約束」をしたことに基づいていました。強行可決という非民主的な政治手法は、安倍政権がその「約束履行」のために追い込まれ状態となったことの現れでした。

そのガイドラインの基本コンセプトは、すでに憲法学者などによって何度も論じられてきたように、「日米の共同対処」を「切れ目無く」、したがって「平時から緊急事態まで」（同ガイドライン、第Ⅲ章）、政策、軍事行動の運用のあらゆる面に渡って「同盟調整メカニズム」を設けて進める、ということです。国会での中谷防衛大臣の答弁でも明らかとなったように、二〇一五年の八月下旬、まだ国

会で安保関連法案を審議中というのに、陸海空の自衛隊千人余をアメリカに送り、米軍との共同演習を行いました。まさに安保法制の「先取り」的な行動です。

これは、主権を持つ日本国家の姿とはいえず、名古屋大学の憲法学者・愛敬浩二《あいきょうこうじ》教授もいうように（注）、日本国の「アメリカへの属国化」であり、日本がアメリカの「衛星国」になることです。それは、（同じく愛敬氏の説の通り）「在日米軍基地の恒久化」であり、「自衛隊の『下請け』化」です。

戦後七十一年目ですが、軍備を有する自衛隊が武器使用により他国人を殺すことは一度もなかった。その歴史の歩みとはいったい何であったのか。そういう根本の疑問が、「安保法制関連法」成立によってわき起こります。

「平和」ボケのように揶揄されてきた日本国民ですが、しかし、底流にある良識、それは憲法九条を犯すことがあってはならないという健全な憲法感覚です。これが目には見えない力となって働いてきたし、働いています。その全国的な動きのだいたいは前章で述べた通りです。憲法を侮蔑し、これを踏みにじる政権は、憲法によってその行為自体が批判され、その野望が打ち砕かれる。「憲法を守れ」

の声が新たな連帯のうねりとなって姿を表すからです。これが社会発展の弁証法の鉄則です〔注記：文中の愛敬氏の発言は、「九条の会」愛知・大学人の会主催の同氏の講演会（二〇一五年六月六日）でのレジュメによっています〕。

安倍政権の経済政策についてはどうでしょうか。安倍首相は「アベノミクス」を政策上の「売り」として押し出してきました。二〇一三年のG8の首脳会議でそれが話題になるなど、国内外で反響があったかに見えました。

しかし、それもつかの間でした。国内では、若者の切実な願いである雇用の機会は必ずしも順調に拡大しているとはいえない。他方、国際金融市場で一時高い評価を受けた中国の元が二〇一六年に入ってかげりが出て、その影響から円高傾向も生まれ、国内企業の生産や輸出にもマイナスの効果が出ています。国内的な購買力の低下に我慢しきれなくなった日本銀行は、マイナス金利に打って出て、これが同年二月十六日から実施され、これに伴う都市銀行・地方銀行の預貯金の金利のさらなる引き下げなど、市民生活にも影響が出始めています。

このように、地元の経済復興などの人びとの切実な要求を前に、企業競争力や金融資本力で切り抜ける「アベノミクス」政策は、社会の多方面で矛盾を呈し始めています。十九世紀の哲学者・ヘーゲルが教えるように、安倍政権による改革の事象は「見せかけ」（哲学で言う仮象）です。表面は、そうあらざるを得ない面を持つが、同時に、その本質から見るとそうではない否定の可能性も秘めているからです。

では、安倍政権の本質は何でしょうか。安倍晋三首相の依拠するイデオロギー（社会のなかで働く、ある事柄の観念の束のこと）は復古主義、強固な保守主義と見られがちですが、私の見方は少し違います。確かに彼は、祖父にあたる岸信介氏を理想の政治家として仰ぎ、あの一九六〇年の安保改定を強行した岸政権を高く評価しています（大下英治『安倍晋三と岸信介』角川ＳＳＣ新書、二〇一三年）。

しかし、そのタカ派的な面だけで安倍政権を見ていますと大きく見誤ると思います。渡辺治氏（一橋大学名誉教授）が第一次安倍政権に対して指摘したように、安倍首相の「新保守主義は新自由主義と分かちがたく結びついている」のです（渡辺治『安倍政権論　新自由主義から新保守主義へ』二〇〇七年、旬報社、二六頁）。

二〇〇六年の「新教育基本法」制定や教育再生会議の改革構想は、新自由主義的な競争原理と国家体制秩序の強化という二面を併せ持っていました。二〇一二年十二月に発足した第二次安倍内閣は、右の組織を復活させて教育再生実行会議を設置しました。この第二次安倍政権の「教育改革」政策も、市場原理の徹底こそが社会の秩序を合理的に創り出すとする新自由主義のいっそうの推進であり、個々の主体（人格）ではなくその能力を国際貢献に活かす「グローバル人材」の言葉などもその文脈で使われるようになりました。

その背景には、日本経済団体連合会（経団連）のグローバル人材育成の「提言」（二〇一一年）も影響しています。

その政策構想は、にわか作りではありません。第一次安倍内閣の時、安倍氏自身は体調を崩して政権を投げ出さざるをえなかったが、その後回復してからは、二〇一〇年に「創生『日本』」の政策研究会の会長として、現在の改憲構想、「教育改革」、「強い経済」政策などのすべての政策論の原型を固めていました。はっきりしていることは、歴代首相に比べて、安倍首相が「教育」を政策の上位に置き、そこに「強い国」づくりの重大な鍵を見出していることです。小泉政権がやりのこした軍事大国化と「憲法改正」という二つの課題をやり遂げるには、どうしても「教育改革」が必要だという安倍首相なりの信条があります。安倍政権のもくろむ「九条改憲」は全国的にもその動きが注目されていますが、「改憲」問題と共に、私は、安倍政権下で起こりうる〈教育〉〈文化〉〈学び〉に注意を向けることが大事だと考えています。

それは、安倍政権の政策と直接に対峙する戦い方からすると、弱いように見えるかも知れません。だが、そうではありません。全国の教育を受ける若者が、教育関係者と共に、自分たちの足もとの生活現実を語り、学級・学校のありかた、大学のあり方、それぞれのあるべき姿を語り、保護者からも生活不安や生きる悩みを出してもらって聴き取り、地域の壊れ行く現実の哀しみを語ることが大事です。国民一人ひとりが自分の言葉で、自分の視点から、語ることが大事なのではないでしょうか。そういう主体的な営みをできなくさせられてきた現実を、自分たちの本来あるべき姿にとっては「影」だと気づくことです。

いきなり「影」は唐突ですが、私は、あのギリシャの哲学者・プラトンの「洞窟の比喩」を念頭に置いています。つまり、ずっと生まれながらに洞窟に縛られ壁を見てきた者にとって、入り口にある火によって壁に映し出される「影」をほんものと思い込んできた。しかし、その人たちを縛りから解き放ち、灯りの元を知らせ、洞窟から導き出すならば、ほんとうの自分たちの姿を知ることができる。こういう「たとえ」物語です。

生活の主体として自立するためのカギは、いま・ここで生きている自分を客観視させてくれる他者という存在です。一人ひとりの若者や市民が自分の言葉で、自分の目線で、自分自身の、あるいは目の前の子どもたちの、抱えている不安・苦悩・葛藤は何かを語り、どうそれに応えてほしいのか・応えていくのかを語り出すには、伴走してくれる他者がどうしても必要です。

二　個々の思いと努力がちりばめられる社会参加

俳優・高倉健さんのエッセイを読みますと、俳優から小道具係までスタッフ全員で一つの作品を創りあげることの厳しさと感動が綴られていました。高倉さんの敬愛する降旗康男監督の作品では、できあがった映画の中に「(上記のような)一人一人の努力がきちんと画面の中に込められています」と、高倉さんは書いています。すべての人の名前がエンディングの中に「ちりばめるように」出てくる、と(高倉健『あなたに褒められたくて』集英社文庫、一七〇頁)。こういう撮影現場では、「あの監督に褒められたいって、みんな一生懸命走り回って本物をつかんでくるんです」と高倉さんは書いています。どんなささいなこともちゃんと見てくれていると知っているから、皆がそのように動く、と。

学校でも地域社会、職場でも、集団のリーダーたる者、かくあるべしではないでしょうか。みんなで、どんな小さな声(要求の表現)も聴きもらさずに、つなげて、そのつながりの空間・共同から学びを立ち上げて、新たな価値と文化を創り出す。いま社会参加の原点はここにあると、私は考えます。そこから、底力を蓄える本当の変革がスタートするのです。一人ひとりの尊厳を守りながら互いにつながる、その活動は共同創造の現場にふさわしい。そうであれば、人びとが集う現場、組織的な空間には、自由なものの見方、個性的な見方が多様に出されてよいし、それらを交わし合う中からコミュニティが発達していくのです。

ＮＨＫ「ラジオ深夜便」で美輪明宏さんの話を聴く機会がありました（二〇一三年六月二四日（月）午前）。美輪さんは「ヨイトマケの歌」で知られていますが、その語りを聴いていますと、美輪さんの生きてきた過程が反骨精神の素地をつくったことがわかります。実家が遊郭や食堂経営をしていて、街の権威者たちが夜、遊女の前ではふしだらな姿を見せることを美輪少年は見ました。美輪さんには長崎での被爆体験があります。戦時下のとき、相手はそうした科学兵器をもっているのにこちらは竹槍訓練を受けていて、国民総動員と言うけど一人一人のいのちをそうまでして操作する権利があるのか、という思いでいたそうです。

あの暗黒時代にあっても、少年はものを見る目線をしっかりもって育ちました。

それは真実を見ようとするまなざしです。身の回りや社会で起きる個々の事象は動かしがたいように見えますが、先にも述べたように、それらは本質的なことが変化していく中で姿を見せている仮象です。仮象というのは、嘘ということではありません。その事象がそのように現れることもあるが、別の現れ方もあり得た。その一つとしていまのこの現象がある。仮象とは、そうあらざるをえないからそうなっているが、そうではないこともあり得るという意味で、現実は仮の姿だというものです。言い換えれば、仮象というのは、その本質的な部分からはいつも問い返されている、反省をせまられている、そういう実態です。それは絶対のものではなく変化しうるのですから、その現象面にとらわれて翻弄されず、何が本質かを読み解こうとする関わり方が大事だと思います。

三　他者ありて、個人は自立できる

児童精神科医・夏苅郁子さんは、統合失調症の母のもとで育ち、いじめにもあった少女期・思春期をもつ方ですが、ずっとそのことを封印して生きてきたと言います。

ある時、同じく統合失調症の母を持つ体験を元にコミック作品を書いた中村ユキさんに夏苅さんは出会いました。東京・品川の駅で六時間もお互いの子ども時代を語り合いました。これが夏苅さんにとって、自分の母が精神疾患であったと公表するきっかけになったのです。「精神疾患には関係ない人でも、じっくり話を聴いてくれること、子どもであればおいしいごはんを食べさせてくれることが、後になって、その人にとって大きな支えになる」と、出会いとつながりの重さを彼女は語りました。そして、「最初の色が暗い色だったから、いますごく明るい色に見える」「医者になって三十年、公表してから三年。どちらが輝いているかというと、五二歳で公表に踏み切ってからの方がはるかに輝いています」とも述べました（二〇一三年四月十三日、ＮＨＫラジオ深夜便）。

若い皆さんのなかにも、勉学や進路のこと、過去に受けたいじめのこと、暴力被害のことなど、カミングアウトのニーズを抱えている人がいるのではないでしょうか。ここでいうカミングアウトは単なる「告白」ではありません。今を生きる若者としての悩み、学ぶこと・研究することの難しさ、進路や職業の選び方などを語ることですから、自分の本心をさらけだす、という意味です。ここで忘れてならないのは、その行為は、聴いてくれる他者がいてこそ当事者はその気になれるし、受け止められたという実感が湧いてきます。すなわち、カミングアウトは他者発見を介する自己発見だといえます。夏苅さんが中村さんという他者に出会ったように。

そのような自己の内面的な葛藤を他者に聴いてもらいたいというニーズを押し殺し、学科や専攻の人間関係に気を遣いながら過ごしていては自分が出せないいままです。自分のニーズを封印して長い時間を過ごすのか。それとも、自分と向き合いなおすために、信頼できる他者に見方・感じ方・考え方を自分の言葉で語り出すのか。

カミングアウトは、自分自身による自分へのケアの行動につながるのかもしれません。それは、フランクにおしゃべりのできる空間が創り出されたとき、自分が「ねばならない」の気持ちからそうするのではなく、内発的に「そうしたいから」そうする。そういう自由意志でつながる空間がつくられます。これが、先に引用した、高倉さんの言う「一人一人の努力がちりばめられる」共同作品、つまり社会的空間づくりにつながる大事なポイントだと、私は考えています。

おわりに

第二次安倍政権下の教育再生実行会議は、いじめ問題、教育委員会制度、大学改革と三次にわたる「提言」をまとめました。その骨格は、およそ三年前の「創生『日本』」グループの政策にあったものです。道徳や規律を法の権威で守らせ、首長の意向が通りやすい教育委員会への転換や数理系の人材育成にシフトする大学再編などを目指しています。しかし、安倍政権が具体的にめざす教育とはどういうものかは見えてきません。

ここに保守政治家としての安倍首相の弱点が現れています。岸信介氏や中曽根康弘氏は、戦前の大日本帝国がおこなった戦争を侵略戦争と認め、これを繰り返さないという明確な歴史認識を持っていました。安倍首相は、この点が非常に曖昧です。彼が隠しているからではなく、もともとそういう認識なのでしょう。だから、日本の「国づくり」を語るのに、「美しい日本へ」とか「強い国」などと、抽象的な言葉をかさねるだけの美辞麗句的なとらえかたになってしまう。

はっきりと日本の戦争責任を言わない。日本の憲法は、外部から押しつけられた物という認識を持ち続けています。その一方で、アメリカとの軍事同盟にすりよっていく。このような歴史認識の曖昧さと、日本国の主権に対するとらえ方のもろさの上に言われる軍事大国化、「改憲」というのは、一体何のためでしょうか。

戦後GHQによる占領下の支配体制に何もかもつなげて、「戦後レジームからの脱却」で一括りにしてしまう安倍首相の歴史観は非常に危ういと、私は考えます。日本というひとまとまりの国家体制のメンツを守ることよりも、一番大事なことは、主権国家・日本にふさわしい政治体制はどうあればいいのか、これからの日本を創っていく主人公である国民・市民、その子ども世代の、安寧と幸せに政治がどう寄与していくかです。

以上の視点から現実を捉え返すならば、社会参加の「スタート地点」は、まさにあなた自身の足下にあります。

Ⅲ　＜自立する＞ための足場とは何か

はじめに

子どもたちが様々に表出する欲求・要求・メッセージを聴き取り応答する仕事は、複雑で重要です。その際、教師はただ受け身で子どもと接していればいいわけではありません。教師は、子どもが生き方を探る過程での一方の主体ですが、もう一方の主体は子どもです。教師は、子どもたちそれぞれが信頼をよせる相手、すなわち、子どもたちにとっての他者として登場するのです。

最近は教育の世界でも、随所で「他者」あるいは「他者性」について語られる（書かれる）ようになりました。果たして「他者」はどのように理解されているでしょうか。「他者」を「他人」「別人」あるいは「異者」のように、自分とは区別される存在、むしろ自分と対立する存在と見てはいないでしょうか。そうではなく、誰においてもその人が目の前に生起する様々な出来事や出会いを意識化する際に、その人の内面に作用してものの見方・感じ方・考え方に何らかの影響を及ぼす存在（人の場合には別の主体）が他者です。

とはいっても、「他者」は、読者の皆さんにもなじみのうすい言葉かも知れません。そこで本稿では、他者のイメージ、他者の意味を確かめておきたいと思います。ここでは、私の専門である教育学の視点からの考察になりますが、他者論は哲学、社会学、文学などの実に多様な分野で論じられています。現代の用語の一つなのです。

一　アザーリングと自立

私が重視したいキーワードは、〈アザーリングによる自立〉です。アザーリング（othering）とは、アザー（other　他者）が人の自己形成にとって不可欠の意味を持ち、その形成過程に関わっていることを指しています。「アザーリング」とは、自分が他者を必要とすること、また自分も誰かの他者になること、短縮した言い方では、「他者成る」「他者化」のことです。

自分を受けとめ自分を認める他なる主体と出会うことで、自分（主体）が人格的に自立していく。それは、他者を知り他者を理解する（承認する）、人間に固有の学びなのです。普通「他者」は「ひと」のことと解されます。が、それだけではないのです。人だけではなく、動物、植物、山や川の自然も、主体にとって自己とは別に存在する意味があります。対象となり、自分を支える他者となり得る。このことを短歌の世界で私たちに見事に示してくれたのが石川啄木です。

例えば、「東海の小島の磯の白砂にわれ泣きぬれて蟹と戯る」など多数あります。要するに、世界が感じられるこの私にとっての「蟹」などの身の回りの生き物であり、故郷の山であり、時としては路傍の石なのです。ですから、あるものを他者として意識化できるかどうかは、その主体が、世界をどう感じているかに左右される面があります。

それから、他者この善きもの、ではありません。主体にとって他者は共感的であるか、それとも支配的あるいは権威的に関わる存在か、他者のもつ性格は異なります。たとえば、若い皆さんの身近な例では、サークルや部活でのリーダー的な存在のXさんのことを想起してみてください。後輩への接し方はどうですか。後輩と同じ目線に立って、不安を取り除くように語りかけるその人は共感的他者として後輩にプラスの影響を与えます。反対に、いつも上から目線で、見下すような物言いで、自分に従えとせまってくる人は、支配的あるいは権威的他者となって、後輩のその人にマイナスに影響します。同じことは、家族関係にも、ゼミなどの学習の関係にも、将来教職に就いたときの教室の人間関係にも、それぞれ当てはまる社会の法則性といえるでしょう。

ですから、他者論は、現代の混沌とした状態の中で、人間関係に限らず社会のあり方をどう変えていくかを見通す際の、とても重要なカギとなる概念なのです。

私たちの主体的な自立とは何でしょうか。それは、自分で自分を支える内的な他者をもって、自己実現をしている状態といえるでしょう。

それは、他なる存在によって生まれ、この関係性を足場にして自立に挑むのです。このことについて、創作家・明川哲也さんの体験的文章が参考になると思いますので、引用します。

筆者（明川さん）は「仕事にあぶれ、自信も失」っていた頃、自転車で多摩川の土手を行ったり来たりしていた。

「ある日、河原の一面のコスモスがみなこちらを見ていることに気付いた。いや、見ていなかったのかもしれないが、少なくともその囁（ささや）きを聞いた気になった。（原文改行）『人間の社会では、今あなたは孤立していますね。でも私たちは、あなたを嫌いません』

何万という花が風に揺れながら手を振ってくれていた。『生きていけばいいのですよ』と言ってくれているようだった。（原文改行）あの時の気付きを、論理的に語ろうとするとどこか嘘が混じる。ただ、それはあったのだ。宗教には帰依していなくとも、ある種の神聖さに打たれた瞬間。生物の形態を越え、本質として孤独から生まれたものどうしがつながりあった時間だった」（『朝日新聞』二〇一一年一〇月二四日付夕刊の「こころ」欄）。

その時の「コスモス」こそ、失職時代の明川さんにとっての意味ある他者の役割を務めたのです。「人間の社会では」云々のコスモスからのメッセージは、もちろん当人の「生き抜きたい」ニーズを反映した言葉です。その意味では、一面に咲き誇っていたコスモスは明川さんにとっては、自分を自分で支える、自分をケアすることを引き受けてくれた他者、つまり、ケアテイカー(care-taker)としての他者の意味を有したといえます。

明川さんは、コスモスは植物であるのにそれを超えた「孤独から生まれたものどうし」とコスモスを呼び、当人にとっての「つながり」の相手、つまり意味ある他者として認めています。その他者に明川さんは自己を認めてもらった。その「瞬間」は、他者を発見し、その他者の他者である自己を確証した瞬間だった、というのです。単に職に就けないで失意の時を過ごしていたからだけではないでしょう。追い詰められながらも、自分の「いま」をわかってくれる他者を強く欲していた。物言わぬコスモスがその他者性をもつ存在として明川さんの前に現れ、その他者によって彼は「今のまま生きていけ」と救われた。

その「瞬間」に対話の物語が生まれています。そのエピソードは他者という存在がいかに必要かという原点を示しています。ゲーテの言葉を拝借して言えば、

「生きている限り、頭を起こしていよう。まだ他者が自分を見守る限り、諦めはしない」（前掲『ゲーテとの対話』（下）、岩波文庫、一五二頁）と。このように、他者によって目覚めをうけ、内側から関係性の意味づけが生まれてくるのです。

内側からの関係性の意味づけ・発見で言えば、大きな転機を迎えた個人にとっては、その時出会った自然が他者性を帯びることもあります。以下に、その事例を挙げます。かなり前のＴＶのインタビュー番組でのことです。若手の男性俳優が登場しました。その父親は、他界された有名な男性俳優、Ｔさんです。その息子である彼は、親の七光りで芸能界に入ったが、しだいに仕事が来なくなって落ち込み、こっそりと日本を出て独り北欧を旅しました。ある晩、星明かりに照らされた雪原の中に「どうにでもなれ」と身を投げて、大の字になって、もう挫折の極みのような自己放棄の感情に浸りました。

ところが、星の輝く空を眺めながら、自分をこうやって丸ごと受け入れてくれているこの雪原の優しさ、ぬくもりを感じ、涙がこみあげてきました。何と自分はちっぽけな世界を生きていることか、もっとしっかりしろと、その雪に励まされたと感じたのです。「よし、もう一度、ありのままの自分で出直してみよう」、そう思うと生きる勇気が湧いてきました。この「雪原」は、この若い俳優にとっては（自己を受け止めてくれた）アザー＝他者だったのです。

以前、この話を京都のある私立大学大学院で臨床研究に取り組む大学院生に話したら、「私はそのような『雪』になりたい」と彼女は言い、その後研鑽を積んで、臨床現場も経験した後、今は精神看護の分野で研究職に就いています。

以上のことをまとめてみましょう。

①自分をなんとか支えたい・自立したいというニーズを投影した他者に出会う（または見つける）ことで困難な局面を乗り切る。②自己の存在そのものを気づかせてくれる存在論的なヒントを提供する他者は、生きる主体にとっては、困難な状況を乗り越えるうえで必要です。さらに、③親密圏の中で他者は支配の相手にもなるが、環境と関係性が変われば自己をケアする不可欠の相手となり得る。

これまでにも「共感的・共生的他者」については教育実践論でも多く語られてきましたが、リアルに見れば、現代社会のひずみを反映して、他者を（暴力的に）

支配しようとする関係が生じやすいのです。この場合、被害にあう弱い立場にとっては、相手は攻撃的・支配的な他者であり、そのもとに従属させられています。

二　そばにいる他者、そばにいてくれる他者

アメリカ映画の名作『誰が為に鐘は鳴る』（原題：For Whom the Bell Tolls）のタイトルは独特の言葉です。十六世紀後半から十七世紀前半に掛けて活躍したイングランドの詩人・作家のジョン・ダンの言葉を、原作者ヘミングウェイがタイトルに使ったということらしい。そのラストシーンで、スペイン内乱の渦中、敵の軍隊に追われ、逃げる途中馬が撃たれ落馬して負傷し動けないと覚悟したロベルト（G・クーパー）が、一途に彼を愛するマリア（I・バーグマン）に語りかけます。「いいか、わたしはいつも君のそばにいる」と。

すぐ敵が迫っている。反政府軍の仲間たちはロベルトに敵を少しでも防ぐためのマシンガンを渡して、マリアを無理矢理に馬に乗せ、共に立ち去っていきます。マリアは叫びます、「ロベルト、そばにいさせて！」と。

すぐそこまで迫っている敵軍にロベルトは仕留められるでしょう。マリアとは永遠の別れです。しかし、その二人の愛を祝福するかのように、映画の最後の画面で鐘が鳴るのです。それは、互いに愛する人の「そばにいて生きる」ことを称えてなのです。人は誰かの「そばにいる」から、愛する人たり得る。しかし、死に直面し、相手の心の中でしか「そばにいる」ことはできなくなる。それは辛いことです。戦争とは、互いを引き裂き、そのような辛い体験を人びとに強いる暴力なのです。そういうメッセージが、この作品から伝わってきます。

みずから弱き人間である自分が、誰かに対して「いつもあなたのそばにいる」と言えるのは、自分の中に宿している類的な存在、自分が誰かの他者として生きる能力（他者性）をすなおに表現する生き方なのです。それは、あなたのそばにいることで、あなたも私のそばに居続けて欲しい、というメッセージを含んでいます。

このような自己と他者との生き生きとした関係性を、私は「アザーリング」と呼ぶことにしたのです。その根拠は、イギリス・オクスフォードのヘーゲル研究者の論考に出てくるothering の用語です。これは英単語としては造語です。私見では、そこには二通りの意味があります。一つは、other の動詞形を表すことで、他者との関係性は動的で可変的なものであることを示すこと。もう一つは、other とbeing との結合のothering と見なせば、他者は、自己という存在にとって不可欠の要素であることを示していることです。ただし、これらは私の解釈です。

ここでは専門的な話は控えますが、私は、学生時代に卒論で取り組んで以来（前述）ヘーゲルの哲学からコツコツと学んできましたが、中でもヘーゲルの『精神現象学』（樫山欽四郎訳）はとても難しかったですが、解説書などと合わせて、ヘーゲルの他者論、相互承認論を学びました。これらがアザーリングの概念の基礎になっています。

短くまとめると、アザーリングとは、ある個人が自己形成のために他者と出会い、その他者が固有の意味を持つ存在であると共に、自分もまた誰かの他者となって人を支え勇気づけていくという、自己と他者の生きた関係性を指していきます（この主題の理論的な探求と整理は、折出『変革期の教育と弁証法』創風社、二〇〇一年を参照のこと）。

三 他者を支配・攻撃することから抜け出す

この関係性をおとなのリアルな例で見ていきます。二〇一一年の七月に日本女性学会の大会が名古屋で開かれ、その分科会「僕たちが気づいたこと：ＤＶのない社会づくりをめざして」に私は非会員で参加しました。

報告者の男性二人はいずれも既婚者で、それぞれ子どもがいます。すでに「ＤＶ加害者プログラム」に参加し、ＤＶ行動に気づき乗り越えてきた体験者です（そのプログラム主宰者は愛知在住で、私の知人です）。語られた内容はここでは扱いません。彼らの報告後の質疑・討論を通して私なりに「他者の問題」が学べたと理解した事柄がありますので、次の三点を挙げておきます。

一つめに、DVは親密な関係にある者に対しての暴力です。その暴力とは、殴る・蹴るなどの身体的な行為だけではなく、相手への暴言・執拗な追い込みなど精神的な攻撃も含みます。この場合、暴力を受ける当人からすると他者は、自分を追い込む加害者です。

二つめに、DVは、暴力を楯に相手をコントロールする加害行為です。加害者からすると、他者は支配したい相手です。ということは、暴力を介在しなくても相手を引き留めることができ、相手の方からこちらに係わってくれるようになり、相互に親密なつながりが感じ取れる関係性が日常的に得られるならば、暴力は不要だということです。その可能性にせまる合い言葉は「相手の尊重」「信頼」です。

三つめに、DVが継続している時には、職場での対人関係でも、相手に対する攻撃的な態度や威圧的な行為が繰り返されることはあります。ハラスメントに対して表面的な解決にならないように、その人の家庭・家族関係も含めた、きめ細かなケアが必要となる場合もあることをそれは示唆しています。

ＤＶの行為からすると他者は支配の対象ですが、それは、抜け出せる問題です。暴力をふるってきたその当人が、暴力なしで真に相手とつながることを学び、自己変革をする。攻撃の対象であった今までの相手＝他者が今度は自分にケアを提供してくれる他者として認知できるようになれば、その結果、関係性自体が変わり得るのです。

このように他者は、個人がどのようなニーズをもって生活し、どのような困難さと向き合っているかによって、その意味は複合的です。

他方、インターネット社会での他者との関係はどうでしょうか。インターネット空間では、相手と対面しないで一方的に書き手の心情を文言に表します。読む側も、対面しないままに語句や調子をその時の読み手側の心理というプリズムで受け取って（屈折させて）読みます。発信のツールがデジタル的なので、どうしても掲示板などのバーチャルな関係の相手を記号の延長で見てしまいます。

例えば、あるトラブルでいらだった生徒がクラスの仲間たちの名前を記して「死ね」と書くとき、そこには実体としての彼らを相手にしているよりも、その名前を付した身代わり的存在の記号からなる相手を攻撃しています。だから許されてよいわけでは決してないが、教育的な指導としては、記号的な他者というネット上の関係性を視野に入れた指導と援助が必要です。

ハンドルネームを使ってのやりとりは、自分を隠した仮面の行為の要素が強い。インターネットでは、参加者たちのコミュニティ自体がバーチャルな世界なので、その書き込まれた事柄がすぐに現実の行為と結びつくかどうかについては、前後の文脈や書き手の動機などからもきめ細かく見ていくべきでしょう。

とはいえ、特定の人物の人権を侵害する攻撃については、まずはネット参加者からの批判によって抑止するなり、あるいは掲示板等の管理者の権限で削除するなりの対応は必要です。

子どもたちの社会では、かつて佐世保で起きた小学六年生による刺殺事件が物語るように、ネット上でのトラブルがもともとは現実の人間関係の何らかの溝やわだかまりを映しています。ネットの掲示板等でトラブルが起きれば、それが実際の（教室での）人間関係の対立となって際だって発現するのです。

ＬＩＮＥも含めたＳＮＳ（ソーシャル・ネットワーキング・サービス）の世界でのトラブルがわかったら、それは関係者の発するシグナルと解して、速い対応をすることです。それがある者へのいじめの疑いがある場合には、まず事実関係を確かめ、被害者を守ることを最優先としつつ、攻撃者の心情を聴き取り、その本当の異議申立や当人の主張の矛先は何か、どこにあるのかを明らかにしていくなかで双方の対立を克服する手がかりが見えてきます。

では、現代のいじめをどう捉えればいいのでしょうか。次章で、その全体像を読み解くことにします。

Ⅳ　いじめ問題からみえてくる子どもたちの世界

～おとなにできることは何か～

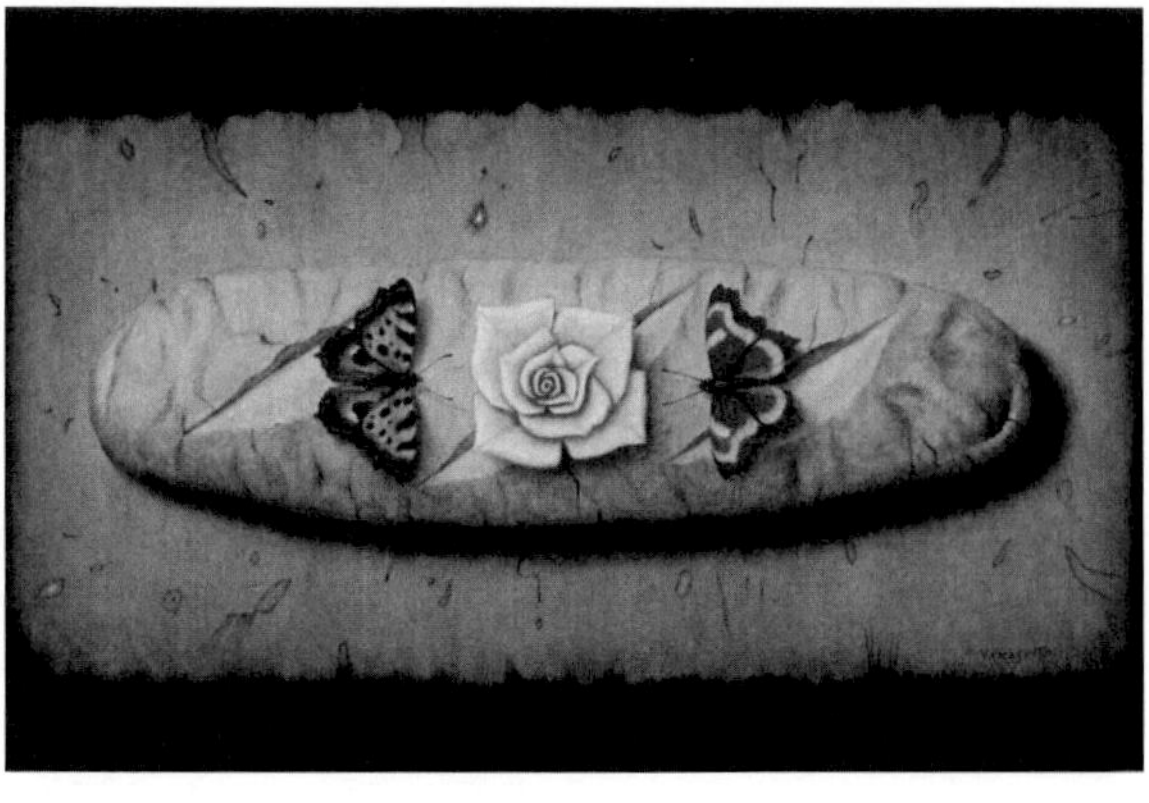

一　いじめはなぜ続くのか

1　いじめ定義の変更　文部行政の動き

全国的な「集団いじめ」の広がりを背景にして、当時文部省が一九八五年におこなったいじめの定義はこうでした。

「自分よりも弱いものに対して一方的に、心理的・身体的な攻撃を継続的に加え、相手が深刻な苦痛を感じているものであって、学校としてその事実を確認しているもの。なお、起こった場所は学校の内外を問わないものとする」

この定義のまさに発せられた時期に、東京公立中学校で一人の男子生徒がクラス中からいじめられ続けてついに自死するという事件（鹿川君事件）が起きました。

次に一九九四年、愛知県西尾市で起きた中学二年生自死事件（大河内君事件）によって、学校側のいじめ発生認知が狭すぎることが大きく問われました。大河内君の被害は学校内よりも学校外での集団的な脅迫と暴力によるものであったため、教師たちの事実認識に揺れが生じました。そこで文部省は事件の教訓を活かすためとして定義を変更しました。「学校としてその事実を確認しているもの」を削除したのです。

二〇〇六年に起きた「いじめ自殺」は、これまでの行政側の定義をゆさぶるほどに、自死を選んだ子どもたちが増え、改めていじめ被害の深刻さが浮き彫りになりました。文部科学省は二〇〇七年一月に、以下のようないじめ定義を公表しました。

《本調査において個々の行為が「いじめ」に当たるか否かの判断は、表面的・形式的に行うことなく、いじめられた児童の立場に立って行うものとする。「いじめ」とは、「当該児童が、一定の人間関係のある者から、心理的、物理的な攻撃を受けたことにより、精神的な苦痛を感じているもの」とする。なお、起こった場所は学校の内外を問わない。》

その後、二〇一三年にいじめ防止対策推進法が施行されたのに伴い、同年度からは以下のように定義されています。

《「いじめ」とは、「児童に対して、当該児童が在籍する学校に在籍している等当該児童と一定の人間関係にある他の児童が行う心理的又は物理的影響を与える行為（インターネットを通じて行われるものも含む。）であって、当該行為の対象となった児童が心身の苦痛を感じているもの」とする。なお、起こった場所は学校の内外を問わない。

「いじめ」の中には、犯罪行為として取り扱われるべきと認められ、早期に警察に相談することが重要なものや、児童の生命、身体又は財産に重大な被害が生じるような、直ちに警察に通報することが必要なものが含まれる。これらについては、教育的な配慮や被害者の意向への配慮のうえで、早期に警察に相談・通報の上、警察と連携した対応を取ることが必要である。》

二〇〇七年以降、「いじめ」定義は、「いじめられた児童の立場に立って行う」とする点に特徴があります。

改めて言えば、いじめという加害行為に軸を置く定義から、当該児童生徒にとっての身体的精神的苦痛に軸を置く定義へと変わりました。このことの意味は何か、いじめにどう対処すべきか。以下で、いくつかの視点から考察していきます。

2　いじめが克服されないのはなぜか

文部行政の定義の推移を見ると、いじめに由来する痛ましい事件のたびに、突き動かされるように定義を変更・修正したことがわかります。しかし、それをもってして行政側の対応だけを批判することは妥当ではないでしょう。そのような定義に「振り回される」とする教育現場もまた、「いじめとは何か」に対する教育者・教育実践家としての確たるものを築いてきたかと問われれば、同じような実態ではなかったでしょうか。いじめを受ける子どもの問題は、教師や教育行政関係者がこうむる人権侵害や市民的諸権利の抑圧と重ねてみれば、「わがこと」だと認識することが大事です。

いじめは、時代を映し教育の現場を映す鏡像的な現象なのです。

私は、定義は何度か変わったにも拘わらず依然としていじめが克服されない理由は以下の五点にあると考えます。

① いじめを子ども個人の「心」の問題としてとらえ、いじめ・いじめられる関係を生み出す学校の競争優先のシステムの改変に切り込めていない。

② 格差と貧困が進むなかで、自分を認めてほしいという自己承認欲求が（おとなが感じる以上に）子どもたちの間で強まっている。

③ おとなの側に、いじめ・いじめられる問題は、初期発動の指導いかんで、子どもたちがお互いの人権と自立を学ぶ重要な機会となる、という共通の認識がつくられていない。

④ メディアの暴力描写をはじめとして社会の「弱肉強食」競争を映し出す環境は相変わらず続いており、子どもの攻撃性が、言葉・身体攻撃だけではなく隠された手段を使った陰湿な行為へと変容している。

⑤ 家庭のなかでも保護者層の中に、「やられたらやり返せ」「人に弱みをみせ

るな」式の、強者を育成する子育て意識が、この十年間で強まってきている。ヘルプを発すること自体がとても勇気の要る行為だ、という人間のトータルな自己防衛意識がなかなか社会に根づかない。

二　なぜ、いじめが自死につながるのか

1　いじめという脱閉塞の試行

なぜ、子どもはいじめをするのか。その加害性の裏側に何があるのか。逆に、なぜ被害の子どもは自死に至るのか。そこを見ておくことも大事です。以下の六点にまとめておきます。

①　「自己責任」は同時に「お前（他己）責任」であり、自分に突き返される暴力性をいつも子どもは感じている。孤立化・ストレス・排他的関係で毎日気を張

っていないと、クラスやつきあいグループの「流れ」から落ちていきそうな感じがするからである。

② 日常の振る舞いから学習、部活動に至るまで、それぞれの関心や意欲が評価されるので、自分とはつながらない、あるいはつながれない他者ばかりの世界に出会うと、比喩的には、よびかけてもこだまの帰らない谷底にいるような感じで過ごすことになる。そのような実感を持つ子どもが多いのではないか。それは子ども時代を生きる彼や彼女の生きづらさである。

③ 周りのおとなたちにSOSを発信しても受け止めてもらえない絶望感がある。

④ 被害者は、孤立させられて自分の存在価値が薄く見え、生まれてきたこの社会そのものとの断絶感などが複合して、「あの出口」さえ抜ければ楽になれるという自殺論で言う「トンネル現象」の心理から自殺念慮がつのる（アメリカの自殺論者・シュナイドマンによる考察）。

⑤ そこで被害者は自殺念慮を追い払うように、明るく振る舞ったりいつもどおり平気で過ごしてみるが、その自己を押し殺す負荷・エネルギーが、みんなから

離れたある瞬間に決行する引き金になる場合もある。

⑥　子どものいじめ問題は、おとなの生き方の問題であることを再認識する必要がある。現代のおとな社会が、業績競争と自己の現状維持で精一杯で同じ職場の他のスタッフの心情などいちいち配慮などしておれない関係になっている。これと基本的には同じ状況が子どもたちにも浸透している。新自由主義の人間関係破壊力がこのように作用している。

2　この三十年、いじめ問題の何が変わったか

いじめ問題の推移は、前述した一九八六年の「鹿川君事件」からの約八年と、九四年「大河内君事件」以降のこの二十二年とに大別できます。最近数年間の一連の「いじめ自死」は、本書の第Ⅱ、Ⅲ章でも述べた市場原理的なものの徹底による社会的な孤立、異質排除、自己責任、他者不信の重なり合った複層的な「追

い込まれ」状態の結果という特徴を現しています。

いじめの本質的な部分、すなわち、いじめは、関係性の違い・異質さを手段として（関係性を〝武器〟として）他者を心理的・身体的に攻撃する行為である、という点はこの二十二年、変わっていないと私は見ます。ただ、その発現の仕方が、ふざけやからかいの装いで開始され集団いじめにエスカレートしていく八〇年代型の事態から、いきなり同輩どうしの陰湿な虐待ともいえる暴力が始まる九〇年代以降の、競争主義・自己責任型のものへと明らかに変貌しているのではないでしょうか。これが、今私がいだいている仮説です。

その変貌をみると、かつてのような加害・被害の関係はいまや流動的で、いつ誰がいじめの標的にされるかわからないこと、同じ競争秩序のもとで抑圧される者どうし引き起こす他者攻撃であること、そのために自分が既に受けている何らかの心理的負荷を相手にぶちまけるような陰湿さ・執拗さが最近は目立つこと、これらの現象が今日の特徴だと私は考えています。

三　いじめの構図から見えてくること

1　いじめの構図

加害と被害が見分けにくいほどにつながり合っているとはいえ、そこにいじめの構図は、くっきりと現れています。それは次の二面です。

一方では、悪ふざけやからかいを装いながら、いま・ここにある関係性を利用して相手（単数又は複数）を孤立させ、攻撃して無力化に追い込む。

他方、早期の介入がないとき、「心の傷」は深刻さを増し、孤立化↓無力化↓降伏↓透明化という進行をたどる可能性が高い（精神医学者中井久夫氏の説）。

いじめ被害者が苦悩から早く脱却できるためには、次の三点を早めにキャッチして介入できるかどうかにその鍵があります。

①　被害者は「心の苦痛」を「身体の苦痛」に置き換える自傷行為を試みる。これは、自律神経系の異常な興奮状態による苛立ちを抑える手段として自己の身体

を傷つける行為である。抜毛やリストカット、あるいは過食後に吐くなどして拒食になりまた過食になるという接触の異変など、その徴候は様々である。

② 右の現象は自殺念慮の現れに見えるが、まだこの次元では「生き延びるための」行為である（アメリカの臨床精神医学者、J・L・ハーマンの説）。苦痛を隠しながら、自傷を重ねてでも生きようとする。リストカットはその象徴だとされている。

③ 自傷を重ねながらでも生きたいという自己防衛の感覚が、ある出来事をきっかけに絶望にいたるとき、自死に至る可能性が高まる。自死は、自分を取り巻く暴力と対等な立場で何かを持ち込もうとして決行される。だから、「いじめ・自死」の子どもの遺書には、最後の相手への抗議とも言えるその苦悩・葛藤と痕跡が見られる。自分をいじめた子どもの名を書き残すのもその一例である。

2　今起きているいじめの特徴

二〇〇六年の秋以降続いた「自殺」の殆どが、何らかの形でいじめによって追い込まれたからではないかと推測させるような背景があります。しかも、公表された「自殺」の内、男子が多数を占める。思春期の男性に寄せられる「強くあれ」「自己主張せよ」「力を持て」などの、競争的自立の「強者」イメージが作用しています。

たとえば、囲い込み型でからかわれたり、ズボンを脱がされたり、あるいは金銭を脅し取られたりしたときに、非常な「みじめな」自己イメージに突き落とされる。こういう攻撃の仕方が目立ちます。それだけ、少子化、異年齢集団での遊び体験の喪失、仲間集団での精神的なぶつかり合いの希薄さがあり、そのうえ競争関係で痛めつけられているので、外的な抑圧に傷つきやすくなっています。

それから、「ネット」によるいじめも、最近の傾向です。メールの集中攻撃が特定個人に向けられる行動は「バジング buzzing」（ハチが襲う現象）と呼ばれ、標的にされた個人は孤立させられます。画像添付を伴う場合には「みじめな」自分の姿を画像ごとネット上にさらけだしたと、当事者は深く傷つきます。「なぜ自分がこんなみじめな目に遭うのだ」と自分を責めます。被害者のこの「言うに言えない苦しみ」を受け止めた、いじめ発覚後のケアが必要です。また、メールの言葉や携帯カメラが「人を追い詰める武器」にもなることを、日常の生活指導のなかに活かしていく必要があります。

3　生徒の自死〜ある「事件」から

(1) 自死とは何か

いじめが原因とされる自死はなぜ起きるのでしょうか。本書では「自死」を使っていますが、本節では、外国の研究者の説に限っては「自殺」の用法に従って述べます。

「大河内君事件」の調査の時から私が注目してきたのは、自殺学の第一人者とされるアメリカのE・S・シュナイドマンの自殺論です。彼の代表的な著書である『自殺とは何か』（白井徳満・幸子共訳、誠信書房、一九九三年）は自殺に共通する特徴として次の6つをあげています。以下の「　」内の言葉は、断らない限り、シュナイドマンのものです。

①　自殺の環境的側面

ここでいう「環境」とは、「耐え難い心の痛み」を生む状況、並びに「心の願いのかなわぬこと」です。いじめを受けている現実がどうにも耐え難く、今後もずっと変わりそうにない（と本人には思える）ことが、そうです。

②　自殺の意志的側面

これは「直面する難問を解決すること」。自殺は、「あるものへ向かい、同時にあるものから遠ざかる行為」なのです。自殺は、死を求める行為というよりは、いま・この痛みをともなう意識の流れを止めたい、という「停止」への行為なのです。

③　自殺の情緒的側面

これは、「望みも、救いもないという思い」です。そして、そこから生じる「圧倒的な孤独感」です。「いじめ自死」を考える学習会の場で発言した女子学生の切実な体験がこれを物語りました。

④　自殺の認識的側面

これは「一時的な感情と知性の狭窄状態」を指しています。追い込まれると、私たちは、選択できる範囲が狭まり、「一点に集中し、トンネルのように細く」なります（「トンネル現象」）。彼によれば、気が動転しているとき、あれかこれかと二者択一で激しく揺れているとき、ひとは死にはしない。

⑤　自殺に関わる対人関係の側面

自殺をしようと思いつめているひとは、ある特定の人物に向けて「疲れ切ったというシグナルを出したり、必要な助けが得られないことを示唆したり、何らかの反応を求めたり、救いの手を求めたりする」。シュナイドマンによると、自殺を決意したひとは、「死の意志をそれとなく伝える」というシグナルを発するのです。

そこには、いよいよ人生の最後を前にして「何らかの情報を他人と交換する」意味が込められているということです。

① 自殺の連続性

シュナイドマンは、自殺者が死に際したとき、その人が過去に経験した苦境に接する態度やそれに適応するパターンが連続して現れるといいます。これはそのひとの生育歴とも関係し、心の痛みに対するそのひとなりの反応の仕方に関わるテーマです。

以上、自殺学の見地からの考察です。中学生の自殺においてもこれらの諸要素はからみ合って生じていると推察できます。どの要素も、裏返せば自殺予防につながるものです［ここまで事項の内容は『あいち民研』通信第一五四号（二〇一六年三月）に書いたものと重なっています］

（2）ある高校生の自死事件

ＳＯＳを当人は発信しているのに受け止めてもらえない絶望感、建前で振る舞う学校への不信感が決定的に働くケースもあります。北海道立高校で生徒会役員の男子生徒が自死をしました。この事例では、生徒会行事でのトラブルとそれに対する「生徒指導」が問題とされました。

【事例】その道立高校では、恒例の行灯行列を秋に行っていた。A君は、生徒会役員として行列の成功を目指して参加した生徒たちを指導していた。ところが、行列の先頭を受け持つ数名の男子グループが、校門では行列を引く格好をするが、ふざけて実際にはほとんど引いていなかった。A君は何度も注意したが無視されつづけた。

その夜、帰宅後彼はそのグループメンバーへの激しい怒りを親にぶつけていた。そして、彼が加入していた携帯サイトの掲示板に、そのメンバーのイニシャルを挙げて「死ね」「投してやる」と書き込んだが、すぐにこれを消去した。あとで父親に話したところでは、「投す」とは「殺す」の言葉の隠語的な使用のつもりだった。つまり、彼は激しい怒りは持ったが、実際に殺す意図はなかった。

この掲示板の文言を別の生徒が見ていたようで、それが教師に伝わり、A君は呼び出しを受けた。そして、六名の教師から入れ替わり立ち替わりその「書き込み」の真意を問いただす「指導」を受けた。それは、教師側によると三時間、遺族側はそれ以上長時間だったという。遺書によると、その指導過程で教師から「死ね」「アホ」と言われたという。

そして、その「生徒指導」があった日の夕方、学校から「停学処分」の電話が自宅にあった。実際には期間を短く限定した処分であったようだが、その処分の意図は伝えられずに結果だけが伝えられた。その夜の十時頃、父親が心配になって彼の様子を見に行ったところ、自宅二階の納戸で彼が首をつって自死していたのが発見された。二〇〇八年七月二〇日のことであった。（以上の内容は、『ＦＲＩＤＡＹ』二〇〇九年九月一八日号、須賀康氏の取材記事を参考にした。また、知人の道立高校教師Ｍ氏からの聴き取りも一部、参考にしました。）

この「事件」の事例でも、自分が無力化すればするほど存在価値が薄く見え、そして教師による執拗な「指導」のもとで、信頼していた先生たちとの断絶感、さらには「停学処分」という決定的な通知などが複合して、自死念慮がつのったと推察されます。彼の自死と「生徒指導」の因果関係が問題になった際、「生徒指導」の中身が問われましたが、教師側は、「死ね」などの言葉は言っていないと主張しました。また道教委への学校側「事故報告」は「重大性を認識させるための妥当な指導」との見解を書面にしていました（同前）。

4 「相手責任」型いじめの背景〜新自由主義の人間性破壊

現代のおとな社会が、業績競争と自己の現状維持で精一杯で同じ職場の他のスタッフの心情などいちいち配慮などしておれない関係になっています。これと基本的には同じ状況に子どもたちもなっています。

そのために慢性的な不機嫌状態、いらいら状態が全国のどの子どもにも発生しやすくなっています。それが一方では、小動物に向いたり、弱い子に向いたりする。あるいは、抜毛や摂食障害のような自傷性のある行為になりやすい。学級などの集団生活が日常化している世界では、相手が弱いかどうかより、なにか異質にうつる存在の者を標的にして、少しは優位に立っている者が攻撃をしていく。この意味では、いじめはどこでも発生するものと見なくてはならない。

いじめる側の方も、実は、上述の慢性的不機嫌状態の自傷行為の裏返しである他傷行為として相手を攻撃しているので、相手の苦痛をおもいはかるなどまずしません。しかし、気分的な他傷行為こそ、いま子どもたちの間に起こりやすいいじめの特質なのです。「ネットいじめ」も含めてそうなっています。

その意味では、かつての「弱いものいじめ」「集団いじめ」とは異なる、自傷的で「相手責任」を突きつける型のいじめという特質があるのかもしれません。これはと思う相手を標的に「からかう」「ふざける」「身体を攻撃する」。その結果どうなろうと、それはその本人のまねいたことで「相手責任」だと言うのが、最近の傾向です。

上記の道立高校の「事件」も、数名のグループの行為が何を意図していたのか、「悪ふざけ」の様相を見せながら実は生徒会役員のA少年への嫌がらせはなかったか。その行事の不成功をまねくならばそれは「お前責任」だという、まさに「相手責任」で自分たちは関係ない、とする現代の一面を映し出していることはなかったか。

こうした、生徒たちの内面にまで踏み込んだきめ細かい「生徒指導」であったのかどうか、が先の事例では問われるのです。

5 サイバー（ネット）いじめ　何が問われているか

携帯メール等のサイバー（syber）いじめも、上で述べてきた関係性の延長であって、手っ取り早くそのときの気分ですぐに実行してしまう、そのツールの特性ゆえに起きています。

それは一見「ゲーム的」に私たちには見えますが、実はそうではありません。いじめている子どもらが、それほどまでに自分の居場所がなく、活動の手応えもなく、浮遊する存在になっていること、他者とのつながりがない（または非常に薄い）こと、何かの活動で目標をもって取り組むなどの主体性・社会性が育っていないか、非常に貧弱であること、ここに加害者の発達に関わる最大のテーマがあります。

したがって、一つの視点として言えば、いじめ自死の当人は、いじめる側の抱える問題（それは、いじめられている側も同じように投げ込まれている現実）までも結果的に一部背負って自死に至ったといえます。そこに現代を生きる子どもたち（とくに思春期）の深刻な生きづらさ・つらさがあります。

6　どうしたらよいか～子どもの身になって

（1）ヘルプを発すること

ヘルプを出すのは自分が「弱い」からではありません。むしろ、自分を自分で守ろうとする第一の正当な行為、自分の権利行使です。いま、このことを苦しみの中から学べるように働きかけることが大事です。この世に生まれてきたのは、その権利の主体者として生きる尊厳をもって、です。

では、誰にヘルプを訴えるか。保護者、友人、教師、養護教諭／カウンセラー、弁護士、医師など、さらには電話相談者（たとえば、「子どもの人権相談窓口」）も含めて、まわりにチャンスはあります。そういうセーフティネットをつくるのもおとなの役目です。

（2）教師は当てにならないか

いじめアンケートでは共通して、相談相手としての「教師」の比率は極端に少ない。では、教師は、まったく当てにならないのか。初期の場合でもいじめに気づいているのに教師として介入や解決へのアプローチがわからない面もあります。教師自らが「ヘルプ」を言えない職場環境も問題なのです。

ただ、被害にあった子どもの保護者としてはその改善を待っている余裕はありません。いじめ事実を訴え、「いじめを受けて学校生活を送れないのは不当」「改善されないなら学級替えか、転校を支援してほしい」という気持ちを伝えていくことは妥当だと思います。

（3）加害の子どもは真摯に心からの謝罪をすること

被害の子どもが自死した場合、遺書の中で加害者の実名を挙げることがあります。上記の高校生もそうしていました。中には、ずっと恨み続けるとか、とりついてやる、と記しているものもあります。これを「卑怯」という人もいますが、必ずしもそうとは言えません。

加害者の真摯な謝罪（道義的罪をあがなう行為）がないとき、被害者のトラウマの必然的な結果としてそうなるのです。すなわち、相手への報復感情あるいは仕返し幻想（前出のハーマンの言葉に示唆を受けた。中井久夫監訳『心的外傷と回復』みすず書房）をいだくのはむしろ自然であり、遺書に相手の名前を記すのは最後の抗議なのです。そこに被害者側の、かろうじて自己の尊厳をまもろうとする思いが込められています。

加害の子どもはこれをよく知るべきです。相手を追い詰め死においやったならば、その事実は消えません。「あいつが弱いからだ、オレのせいではない」といくらその子どもが自己を弁護しても、軽い気持ちの行為が積み重なって、相手の自死に追い込む「他殺」的行為につながった事実は変わりません。

「いじめ・自死」の用語は、被害側からすれば不当ではないか。「いじめ死」というように、他殺性のニュアンスをもっと出すべきではないか。そういう議論もあります。社会がそれを見逃し、あるいは軽視してそのような結果に至っているなら、「いじめ死」は、もうすでに現代における（子ども世代での）社会的な犯罪性を帯びてきます。

半面で、その加害側も、もともとケアを必要としています。いじめという、相手への他傷行為は（何かによって追い込まれている）自分に向けるはずの攻撃ではなかったでしょうか。

そこには勉強の成績のこと、部活のこと、友人関係のもつれのこと、話を聴いてくれない家族のこと、進路や進学の不安・葛藤などいろいろと要因はあります。ひょっとしたら、その子ども自身が何者かによって「いじめられている」あるいは「いじめられた」という経験をもつ場合もあるでしょう。その本人も、それを誰もわかってくれないことに不信感をいだき、いらいらしてきたのではないでしょうか。

本当の解決は、誰かを相手に攻撃するのではなく、当の子ども自身が自分のことで「ヘルプ」を出して一歩踏みだすという、当人の権利をまっとうな形で使うことです。そのために身近なおとなや友人に相談すべきです。おとなとしては、相談される他者としての役割を果たせるように日頃から自己研鑽がいるのです。

四　結び　おとなに何が問われているか

最後に、以下の点を述べて結びとします。

いじめている子どもらには、既に述べたように、周りの他者とのつながりがないこと、何かの活動目標と自己との関係から断ち切られていること。ここに最大のテーマがあります。そこを変えていく援助や指導が必要です。

被害に遭っている当人が「ヘルプ」を出せる場づくりを家庭、学級で創る必要があります。例えば、親として、「素直に言ってくれれば良いのに」ではなく、「子どもが素直に言い出せないほどに子どもに気遣いを強いてはいないか」の視点を今一度もつべきです。

学校教育のあり方としては、いじめに苦しむ仲間を守ることはいじめ問題の解決に参加していく権利の行使なのだ、という人権感覚とモラルを子ども集団に育てることです。いじめの「観衆・傍観者」は「サイテー」で、いじめは格好悪い、という子どもたちが広くクラス内、学年内に現れれば、いじめは起きてもそれ以上には進行しにくい。むしろいじめている本人が孤立しがちとなる。このセオリーははっきりしています。

いじめにはいじめる側の屈折した欲求と不安・孤立感が映し出されるので、これを手がかりに、いじめる子どもへのケアと指導を丁寧に行う必要があります（教師と保護者の協力で）。一方的に叱られ放しで自分が丁寧に聴き取ってもらえていない子、殴られながら「しつけ」られた子、そのために感情表現が上手くできない子、無関心に扱われ見捨てられ感をずっと抱いている子など、こんにちの虐待的環境の中で育った影響も視野に入れた指導が必要になっています。

子どもたち一人ひとりの個性（自分で考えようとする主体性）を、日常を通じて育てること、そして一人ひとりの活躍場面や出番をつくることが自己効力の有用感情を引き出し、不満やストレスをいじめで紛らせる必要がなくなるから、結果としていじめの発生を抑える要素となります。

学校・教職員と保護者の協力は重要です。おとなどうしが「相手責任」に立つ限り、問題の本質からお互いがそれていくからです。

①当人または保護者等から「訴え」または「相談」があった時、教職員のチームで対応することが大事です（管理職者も含めて）。

②保護者会等で、いじめ問題に関する認識を共有し、子ども理解を広げ深めるこ

とです。保護者同士が、いじめている子どもの保護者を糾弾するような構図は、決して解決にはなりません。
③早期発見の場合、いじめられた側の保護者といじめた側の保護者とは敵対ではなく、謝罪と了解へ向かうことが肝要です。市民の中には、「親が介入して相手側に抗議するか、その子どもを叱るしか、解決への近道はない」という強行策を主張される方もいます。しかし、前にも繰り返し述べた、いじめる子どもの抱える問題をそれは封印したままなので、別の場面でその子どもは（相手が親の力を借りたと見なして）相手への仕返しに出ることもあるでしょう。
子どもの尊厳を守る子育て・教育は、そのまま、親・教師などおとな自身の尊厳を捉え返す営みなのです。ここの視点がしっかりと腹に落ちているかどうかが一番大事なテーマなのだと、私は考えています。

Ⅴ　生活と学問の結び目とアザーリング

～私の大学時代の経験から～

はじめに

大学時代は、自分が選び取った社会的な場面で、あらたに出会う他者との関わりから学内とは違った刺激を受けたり、世の中の処し方に触れたり、あるいはプロの生き方に接したりできる機会をもつことができます。すべて、自分の意志しだいです。その意味では、大学時代は、学生一人ひとりにとって、他者との出会いのためのターム（期間）、または他者に出会い生き方に触れる旅、と言い換えることもできるでしょう。

そこで、私の大学時代のいくつかの体験から若い皆さんに是非伝えておきたいことを述べます。

とても大事なことは、大学でどのような分野を専攻しようと、生活と学問を結ぶ（または、つなぐ）ことが、将来の自分の問題意識を深め、豊かにするうえで必要です。私の場合は教育学でしたが、人文科学・社会科学・自然科学、そして芸術・スポーツの諸科学にもそれは言えることです。

日本の思想界の泰斗とされる丸山眞男氏は、かつて新制大学となった東京大学の新入生あてに書いた随筆の中で、今なお注意すべきことを述べています。大学で学ぶ者は「人間と人間の行動を把握しようという目的意識に貫かれている限り」、日ごろ接している市井の人々の暮らしの中に、「学問一般の素材」を見出すはずだというのです（丸山「勉学についての二、三の助言」『丸山眞男集』第四巻、岩波書店、一九九五年、一六六〜一六七頁）。

当時と今と大学進学の様子は確かに変わりましたが、学問に向き合う姿勢としては、今も変わらない大事な視点だと私は思います。

同じテーマを、ミステリー作家の福井晴敏氏も書いています。「作家になるために、やっておいたほうがいいことは何ですか」という質問に、彼はこう答えています。「あなたが学生さんなら、ただちにこの本を閉じてください。そして旅行に出かけるなり、多様な職種のアルバイトを経験するなりして、なるたけ多くの人と環境に接することをお勧めします。そこでの発見、喜び、いら立ちが、すべて後の作劇の肥やしになります。それができるのは今だけだと覚えておいてください」（福井晴敏「はじめに人ありき」、日本推理作家協会編著『ミステリーの書き方』幻冬舎文庫、二〇一五年、二六頁。ただし、電子書籍版によった）

丸山氏も福井氏も、まったく分野が違うにも拘わらず、人間への興味をもつことを学生に強く期待しています。その主題の中には前の章で述べたアザーリングの問題も含まれています。実は、私も、揺れながら、迷いながら大学生活を過ごすなかで、自前の「旅行」や「多様な職種のアルバイト」を経験した一人です。私の経験は大変平凡ではありますが、出会った人や環境から多くの事を学びました。そのことを、私の大学時代を振り返りながら綴っていきます。いま自分の将来を目指して頑張っている学生の皆さんに何かヒントになればと思います。

一　教職を志望して

私は、広島県立広島国泰寺高校を一九六七年三月に卒業しましたが、高校時代から教職を志望していたので、教育学部を受験しました。当時は、大学入試が一期、二期の二期校制でした。一九四九年に帝国大学等の大学校、全国各地の旧制専門学校、師範学校等が新制国立大学・短期大学として統合再編されて、スタートして以来、その入試制度は一九七八年まで続きました。この制度は、特定の大学への集中を避けて、二期校受験があることで進学機会を広げる狙いがあったとされています。その廃止後は、一校受験の大学共通一次試験制度に変わりました。

私は当時、旧広島市に隣接する郡部に住んでいたので（その後広島市に一番目に合併）、一期校を広島大学教育学部の、難関とされた高校教員養成課程（第二志望を小学校教員養成課程）、二期校を島根大学の教育学部としました。広島大学（略称、広大）の小学校教員養成課程で合格したので、地元でもあるし、二期校は受けずにこちらに入学しました。

もともと職人の家庭に育った私が教職を志望したのは、それまでに出会った数多くの教師にとても恵まれていたからです。特に小学校の高学年から中学校にかけては、ちょうどプレ思春期から思春期にかけての自己形成に対してまさに丁寧に伴走していただいた教師の方々の役割が大きかったと今でも思います。お一人お一人についてエピソード、人柄等は割愛します。が、広島県の広島市に接した郡部の公立小学校・中学校の現場で、とにかく私たちとよく対話し、つながり、相互理解を非常に大事にしておられたことだけはここに記して、感謝の思いを表します。

入学後は、当時、広島市千田町にあった広大の本部キャンパスで教養課程の履修をまず終えてから、専門課程に進むという仕組みでした。

二　「大学紛争」という歴史的な出来事

当時、いまの大学生活とはっきりと違う状況が起こりました。「大学紛争」です。一九六〇年代の半ば頃から、大都市の国立・私立大で「全学共闘会議」（略称、全共闘）が結成され、当時の大学管理行政に対してこれを批判し、同時に社会的にも大学のあり方を問い直し、その競争秩序・学歴主義の構造の土台にある政治・経済の一体化した日本社会の変革を問う。こういった壮大な考え方の学生運動が起きていたときでした。国は、通称・大学管理法（大学の運営に関する臨時措置法、一九六九年に制定され二〇〇一年廃止）によって、警察力の大学構内への立ち入り等を認め、権力で沈静化に乗りだしました。その法律を推進したのが当時の自民党幹事長・田中角栄氏であったと伝えられています。

国際的には、このような学生による大学運営・大学管理の批判、大学政策に対する国政批判は、国際的な形で起こり、フランスでの激しい学生運動もよく知られています。これは「五月革命」とも呼ばれるもので、一九六八年五月に、パリの大学生が当時のド＝ゴール政権の教育政策に抗議して暴動を起こしたとされる学生運動です。

その背景は各国によって異なるし、一律ではないとしても、共通に見られたことがあります。それは、高等教育を受ける若者たちを国家に役立つ人材養成にそうように統制しようとする動きがあからさまにでてきたことに対して、学生たち自身による批判と抵抗が起こったことです。

やはり、社会構造の土台とされる経済の危機が背景にあって、厳しい財政のもとで計画的・効率的な人材養成をやろうとする国家の方針と、「自由」や「解放」「連帯」などを重要な探求価値とする若者世代との対立が根底にはあったと思います。

ほぼ同じ時期に第一次オイルショック（石油危機）が起こり、日本でも企業生産力の低下、新規採用の停止などの大きな影響が出てきました。

私が入学した広島大学千田キャンパス（広島市内。現在は東広島市に移転）も、学生運動の「西の拠点」といわれ、メディアから「過激派」と称された学生グループが運動の主導権を握って、キャンパス内は彼らの立て看板、壁に貼ったチラシ等であふれていました。校庭のなかはビラが散乱し、木造の教養部棟校舎内は、壁という壁にチラシが貼られ、政治スローガンらしき言葉で殴り書きがされるなど、独特の光景でした。また、「市街闘争」と称して、大学正門前を走っている広島電鉄（広電）の路面電車の軌道上をジグザグデモで占拠して、交通をストップさせ、その排除に当たる機動隊と衝突する。こういう「戦法」を何度も繰り返していました。

大学の講義室にも、ヘルメット姿のその学生メンバーが押しかけてきて、教授の講義を遮断し、政治ビラを一斉に配って現政権の大学政策批判を一くさり論じて、帰って行きました。広大の場合には、正門を学生グループがバリケードで封鎖して、授業もストップ、学長とかれらの代表（とはいっても学生メンバーは自由に押しかけて圧力をかけた。）との「団交」が連日行われました。ある日の未明に、彼らが立てこもっていた教養部棟で火事が発生。失火なのか放火なのか、それは一般には知らされませんでしたが、これを機に、大学執行部は機動隊の導入をきめ、強権で学生たちの排除に当たり、抵抗者は逮捕という行動に出ました。封鎖解除となったのは、私が三年次になっていたときの九月頃でした。当時の制度では教員養成課程の専門課程に進学していたわけです。ほぼ半年の授業ストップが解除され、後半の期間で一年分の専門課程履修をこなすという、前代未聞のハードスケジュールの大学生活でした。

こうした学生運動の系譜としては、「六〇年安保闘争」があります。一九五一年に日本と米国が締結した「安全保障条約」の十年の期限が切れる年を前に、安保体制継続を進めようとする当時の岸信介政権（岸氏は、安部晋三現首相の祖父に当たる。）打倒を掲げ、国会前で抗議のデモ隊と警官隊・機動隊の衝突が繰り返され、その闘争の中で、大学生・樺美智子さんが装甲車にひかれて死亡するということまで起こりました。七〇年代の「大学紛争」は、その反安保の闘争を引き継ぐ「七〇年安保闘争」の側面と、全国の国立大学を類型化して先に述べた大学管理法を楯に管理統制することへの抵抗の側面がありました。ほんらい大学が理性的に運営していくべき学内自治に政府が介入し、その方策に大学執行部が追随するかのような学内運営に学生たちが反発したのは事実でした。

私は、アルバイトで生活費・学費を稼ぎながら大学生活を維持するという身でしたので、「過激派」も含めて学生運動の表に出てくる同世代の人たちの活動を、めぐまれた者たちの、政治を装った一種の自由行動と、かなり冷ややかに見ていました。それでも、大学管理の法律を楯に取った学生活動の強圧的な規制には異議があり、大学政策等を考える討議集会・デモには参加しました。

市民・労働者と共に整然としておこなうデモは何度か経験しましたが、特に広島市内の平和公園から広島城あたりまで大規模なデモ行進をしたとき、私たちのデモ隊列にぴったりとくっついて歩いた機動隊員の様子を覚えています。脛当《すねあて》・篭《こ》手《て》・防護衣・前垂れにジュラルミン製の楯、ヘルメットをかぶり顔面保護用のバイザーをさげた状態の装備でした。

私のすぐそばの隊員は、当時の私よりは一つか二つくらい年下らしく、少年の面影がすこし残っていました。装備や楯のすれるガチャガチャという音以外は無表情で、すっと前方を見つめて職務に従事していました。機動隊の長い列はデモ隊を横から制御しているのですが、その中央部に位置する装甲車の司令塔からハンドスピーカーでデモ隊に警告を発しています。その指揮者の指示があれば、彼らはすぐに私たちのデモの隊列に介入する用意があるという雰囲気を漂わせていました。私と機動隊員の彼とを隔てているものは、一体何なんだ、どこから来ているんだ。そんなことを自問しながらデモ行進を続けていた私でした。

三　「ちょい旅」の体験が教えてくれたこと

映画やテレビでほんのわずか出演するのを「ちょい役」と言いますが、これにちなんで私の造語で「ちょい旅」と呼ぶミニ旅行のことを書いておきます。

話は後先になりますが、大学の一年次の夏頃、私も人並みに、社会学でいう「アパシー」の心理現象になったのかどうか、大学生活への、というよりは毎日講義室に通う受け身の自分に疑問が湧いてなんとなく気力をなくし、今自分はなにをしようとしているのか、自分のいる場所はいったいどこなのかを探したい気持ちになりました。

そこで、自由に使えるお金もない身なので、日常から抜け出す、ちょっとした旅をしたくなって、小説『二十四の瞳』で知った小豆島に行くことにしました。用意したのは、絵が好きでしたのでスケッチブックと、ナップサックに入れた小物と少々のお金です。日帰りにするか泊まるかも計画しない、今から思えばまったく気ままな旅に出たのでした。

岡山からフェリーで小豆島の玄関口、土庄（とのしょう）港に着いて、そこの食堂で腹ごしらえをしました。するとその店の女将さんらしい年配の方が、いかにも学生らしい男が気になったのでしょう、「お兄さん、これからどうするの」と話しかけてきました。小豆島を回ってきたいと言うと、島内の交通の不便を話して「よかったら、うちの自転車を使いなよ。小さな島だから大丈夫だよ」と言ってくれたので、そのご厚意に甘えて自転車を借りました。

後で知ったことですが、小豆島は、四国遍路の一環で島四国八十八ケ所と言われ、訪れる人に対して地元の人は親切に接しておられるのでした。この接待それ自体が、地元の人びとにとっては祈りの表し方のようです。

岬の分教場、名勝とされる寒霞渓の裾野などを自転車で移動して見てまわりました。スケッチもしました。初夏のさわやかな風をうけて、なだらかな草原の裾のあたりを走りました。まだ舗装されていない昔ながらの道には人通りも車もなく、私だけゆっくりと自転車をこいでいますと、大学入学後の疑問や、何か悶々としていたことはまるで自分の影のように思われました。「いま、この縛りのない状態の自分のままでいいのではないか。これが正直な、素の自分なのではないか」。そんな気持ちになったのでした。

ところが、困ったことが起きました。のんびりと過ごしてきたため、日が暮れてきて、このまま夜道を走るわけにもいかず、どこかで一泊せざるをえなくなったのでした。今でもその名前を思い出せないのですが、あるお寺を見つけ、思い切って、寺社の方に「軒下で良いから使わせてください」と頼みました。

すると、そこの高齢の女性が「息子の使っていた離れがあるから、どうぞ」と言って勧めてくださり、その離れに泊めて頂いたのです。お食事も頂きました。翌朝、丁重に御礼を述べて、「何も持ち合わせておりませんが、ほんの気持ちだけ、お供えに」と、持ち合わせていてまだ開封していなかったクッキーのボックスを出すと、受け取ってくださいました。こうした私への接し方の全てが、前に書いた、島四国八十八ケ所の霊場としてのそれであったのでした。おかげで事故もなく、土庄港の食堂に戻り、自転車も損傷なくお返しして、再びフェリーに乗って小豆島と別れました。

山田洋次監督作品「学校」シリーズの中に、不登校になった少年が、「ちょい旅」に出たところ、いろいろの人に会ううちに屋久島まで行く物語があります。私の「ちょい旅」はもちろんこれに及ぶものではありませんが、若者の旅の原形はよく似ているなと思います。

さて、これを読んで頂く学生の皆さんも、何か迷い道に入ったような気持ちに襲われ、大学に通う気力をなくしかけたら、無理はせずに、もし条件が許せば「ちょい旅」に出てみるのもひとつの方法です。ただし、右に書いてきた私の経験した頃とは交通事情も人情も変わってきていますので、治安のことも考え、慎重に判断した方がいいでしょう。

その時に大事なことは、「この現実から自分は逃げる」と取らないで、「立ち止まって自分を見つめ直す」「新しい空気を吸う」「今までとまったく違う場で暮らしておられる人に会う」といった、ポジティブな要素を見ておくことです。それから、「ちょい旅」に行った先では、自己反省をするようなツールは持ち歩かないこと。最小限の物を備えた、ひとりの旅人であることが大事です。いつも携帯しているスマホは必需品かも知れないが、できれば「ちょい旅」の間だけは見ないようにして、あとは必要な金額のお金と洗面・着替えの日用品、時刻表、保険証写し（何かあったときのために必要）、傘などの最小限に絞って、あなたは旅に出かけられるでしょうか。旅である以上、また「戻ってくる」のです、すこし今までとは違った自分に。

ここでぐっと高尚な話に移ります。松尾芭蕉は『奥の細道』の冒頭に、あの有名な文章をしたためております。「月日は百代の過客にして、行きかふ年もまた旅人なり」

『奥の細道』は、芭蕉が書を捨てて、「人生即ち旅」という思想を実行に移した行動の書、とも言われています。芭蕉がこのような行動に出た背景の一つには、ある挫折体験がありました。芭蕉の青年時代に、すでに家督は兄が継いでおり、自分は武士となる日を目指して研鑽してきたにも拘わらず主君が病没して、それは断たれ、俳諧の道しかなくなったのでした（参照、kindle版『奥の細道』角川書店の解説より）。芭蕉はそれを否定的に取らずに、俳諧で努力を重ねました。そして、農業、漁業あるいは商売や船頭などで生計を立てている民衆の暮らし方は、日々人生の旅をしているのと同じだと彼は考えました。その中に飛び込んでそこから俳諧とは何かの示唆を得ようと旅に出たのでした。それはもちろん「ちょい旅」ではない、自己人生の総仕上げ的な意味合いを持つ長い旅でした。

その原点的なことは現代の私たちにもあると思います。つまり、立ち止まるのはそこで終わるためではなく、またあらたに歩み出すためなのです。ふと自分を見失いかけるのは、気づかなかった自分のあらたな面を次に発見するためなのです。今日出会う人とかわす言葉には、何か一つ、私に気づかせてくれる光が含まれているはずです。今にして思えば、『奥の細道』は、芭蕉の俳諧修行の旅行記であったと共に、あの時代における彼なりの他者発見・他者との出会い直しであり、自分との出会い直しの記録でもあったのです。

四　アルバイトで他者にもまれ、現実を知る

前にも触れたように、教育学部での生活は、授業、アルバイト、部活動を軸に回転していました。父親が職人で妹の教育費等も要る時期の家計に頼るわけにはいかず、アルバイトをしながら維持しました。

学生という生活形態から夜勤もできるようにするため自宅を出て、広島市内に小さなアパート部屋を借りて、暮らしました。学部を卒業後に進学した大学院では奨学金の貸与を受けましたが、学部の時には「自分でやれる」という気持ちで

した。その貸与奨学金は、大学院博士課程在学中に応募した教員養成系国立大学の助手に就職できて、指定期間を超えて勤務を続けたことから、貸与の取り消し、つまり実質の給付になりました。いっさいの返還義務なし、です。これは大変助かりました。

ですから、アルバイトをしながら大学での授業を受け、頑張っている皆さんの気持ちがよくわかります。いま、学生のニーズに反して、奨学金制度が貸与制中心となっていて、給付はとても少ない割合で設けられています。それは、大学生として借金（教育ローン）をすることです。これを早く変えて給付制を拡大すべきだと思います。

たとえば防衛予算の問題を捉え直し、もっと教育費に回すべきです。安保法制下を見込んで、米国防総省は、垂直離着陸機オスプレイ一七機と関連装備を日本に売却する方針を決め、米議会に通知したそうです。それらの価格は推定で総計三〇億ドル（約三六〇〇億円）で、わが国の二〇一五年度の社会保障予算削減分三九〇〇億円に匹敵する金額とされています（『しんぶん赤旗』二〇一五年五月八日付)。こうした巨額の投資をやめれば、社会保障の充実と共に奨学金の給付枠を一定程度、拡大することは可能なのです。

私のアルバイト経験から二つのエピソードをお話します。

広大時代、私は、友人の勧めで詩吟のサークルに入りました。そこで知り合った文学部地理学科のN君は後々まで続く友人ですが、彼に誘われてある深夜喫茶でアルバイトをしました。その店は、当時の広島駅の駅前通にあるビルの何階かにありました。「カレーとコーヒー○○」と看板が出ていました。

勤務は深夜で、駅前ということもあって、店内の客はにぎわっていました。ウエイター用の服を着て蝶ネクタイも着けて、注文の飲料、軽食を運びます。最初は金属のお盆に載せてもうまくバランスが取れずに苦労しましたが、お盆を支える指の圧力のバランスで映画にも出てくるあのようなスマートなテーブルサービスにはほど遠いですが、どうにかテンポ良く運べるようになりました。ただ、悩ましかったのは、時折、夜遅くなって暴力団の組員らしいグループが入店してくることでした。暴れるとか店員に暴力を振るうことはなかったが、私のような若いスタッフは、彼らの「からかい」の格好の的でした。わざと数名が一斉に注文して、賄いの方も限られたスタッフですから他のお客のも順にこなしていると、「まだか、遅いぞ」と、私を呼びつけて文句を言うのでした。

この店に長年勤めてきた先輩たちはとてもやさしい人たちで、女性のスタッフも彼らからさんざん嫌がらせを受けてきたようですが、「とにかく聞き流して、反応しないこと。声ではなく音だと思いなさい」と教えてくれました。

勤務が終了して片付けを済ませた後に、賄いのベテランスタッフが、賄いづくりの食事をだしてくれるのですが、カレーとサラダのセットで、これが非常にコクのあるうまいカレーなのです。調理場の手伝いをするなかで、包丁の使い方も覚えました。スタッフどうしひとしきりおしゃべりをして、それぞれに帰って行くのでした。私は、五〇CCのバイクに乗っていましたが、人通りの途絶えた市内の大通を走らせてアパートに戻る日々でした。

その店は、事情があってN君が辞めたのを機に私も辞めました。勉学は、アルバイトに行く前の時間、または仕事から戻って仮眠して、朝方の頭の冴えているときにやるなど工夫して、とにかく集中するようにしました。

余談ですが、私は田舎の中学校で三年生の二学期の郡大会の頃まで野球部をやっていて、高校入試の模擬試験「統一テスト」などの勉強は、部活動に時間を取られた分、帰宅後に注意と思考の集中でカバーしていました。そのやり方でかなり効果をあげていました。広島県全県の「統一模擬テスト」で上位者に私の名前が何度か載りましたので。その経験が、大学入学後のアルバイトでも生きていました。

もう一つのアルバイト経験。それは、酒屋の配達員でした。広島市内の中心街には「本通り」「立町」「八丁堀」「流川」といった繁華街、今で言うグルメの場所が集まっていました。その一角の「立町」にある酒屋＝E商店にアルバイト店員として勤めました。そこには定時制高校に通う住み込み店員が二人すでにいました。そのエリアには、「釜飯　酔心」をはじめ有名な割烹料理の店がたくさんあり、路地裏には多くの居酒屋など飲食店が並んでいました。E商店はそれら多くの店と取引をしていて、地元では有名な酒屋さんでした。

私は週に何日かを担当し、配達の仕事をしました。料理店・居酒屋などにビールや日本酒を納め、伝票にサインをもらい、空き瓶を持ち帰るのです。現場での行動は簡単ですが、これらの商品を自転車で運ぶのです。当時、ビールの保存ケースは木箱で、ビール大瓶が４×５の20本入っていました。中身が入った大瓶一本が約１・２kgだそうですから、その20本入り木箱の重さは、一箱が27～28kgくらいになるでしょう。

これを後部の幅広の荷台にロープをかけないでそのまま載せて、一方の手でハンドルを操作し、もう一方の手でケースを軽く支えて、人通りのなかを縫って注文を受けた飲食店まで運び、調理場の通用口から入って、所定の場所にセットするのです。ところが、「酔心」のような大きな店になると、各階のビールの補充・入れ替えが必要ですから、その木箱を抱えて階段をあがっていかなくてはなりません（業務エレベーターは料理を運ぶためで、外部者は使えません）。初めの頃はとてもきつくて腰に来る感じでしたが、慣れてきてコツがわかると、腕の力でケースをやや斜めにしてお腹のあたりに引き寄せて抱え、階段を上がる際の足の動きに合わせてリズム良く、腕の力を加減していくと、結構、運べるものでした。要は、腰で支えようとせずに、腕と腹筋で支えるのです。そうはいっても、週末や休日の繁盛のときには注文は一ケースではなく、一回でも複数ケース、しかも夏場には次々と補充の注文が入ります。これを即座に受けて注文分を運んで、各フロアの隅にケースを重ねておくこともあります。

得意先回りのほうはE商店の社長が小型車で運んでいますが、なにしろ取引先が幅広くあり、近いところや路地にある店は却って自転車のほうが便利で、こちらが私たちの仕事現場でした。時には自転車にケースを二箱重ねて行くこともありました。この仕事を始めた頃に、私も、一回だけ、バランスを崩してケースを落としてほぼ全部割ってしまったことがありました。それでも店の仕切り役の奥さんは、誰もそうやって慣れていくのだから、といって特に叱責することも、バイト料から弁償させることもありませんでした。夕食も、その奥さん手作りの料理を、その日の店員と交替で頂きました。

この仕事では、表から見ると華やかで賑やかな割烹料理店や路地裏の居酒屋やスナックの裏手・台所を見させてもらった、という印象です。前もって注文が来ている場合、商品を運び込むのは開店前ですから、現場に行くと、調理場でやりとりをしているスタッフたちの雰囲気がわかるようになり、慣れてくると時々は、顔見知りの賄いスタッフと世間話をしたりもしました。広島以外からここに就職した若者たちもいました。まだ、大学生はめずらしがられていた頃でした。

私の目には、それぞれの店の皆さん、調理と料理の仕事に誇りを持って、職人としての自立を目指して誠実に生きておられることがわかりました。スナックへの納品も経験しました。開店前で灯を落とした店内は薄暗く、そこにビールや洋酒を運び込んで、伝票のサインをもらいます。中には、話かけてくるマスター、あるいはまだ化粧前のママもいました。世間では「水商売」といわれる世界で働いているこの人たちも、ただもうけを考えているのではなく、その店に来る客が楽しんでくれて、帰るときには来て良かったと思えるサービスを提供する、という経営の構えのようなものを、少なくとも私が出会った人はどなたも持っていました。

五　自分を発見することと学問との出会い

保守の論客の一人とされる佐伯啓思《さえきけいし》氏は、『普通の』若者にも目線を」と題する随筆のなかで、東京大学をはじめ、優秀な学生を確保するための入学者選抜が、高校時代の実績を重視する形で行われる最近の動向を取り上げ、目に見える成果とは無縁の若者が大学に入って揺れながらも自分を発見していくことこそ大事ではないかと投げかけています。そして、高校・大学の教育のあり方をこう述べています。

「何をしたらよいのか、どこに自分の居場所があるのかいまだわからず、悶々とし、社会性をもてずに自分を持てあましている者、時代や社会に同調できずに反抗心をくすぶらせている者。こうしたある意味では『普通の』若者たちの心情に寄り添うことこそが本来の教育だとおもう」（『朝日新聞』東京本社版、二〇一六年三月四日朝刊「異論のススメ」コーナー）

高校や大学は一人一人の若者にとって「自分の道を見つける場所」（佐伯氏）

なのであるという、大学制度ができて以来の一面の真実を言い当てた至言だと私は受け止めました。

その「自分の道を見つける」うえで、学問・思想との出会いは大きい。私の場合には、教職科目の「教育原理」で知ったジョン・デューイの教育思想、そして卒論の研究課題で苦労の末たどりついたゲオルク・F・ヘーゲルの哲学、特にその弁証法がその後の研究者の道を選ぶことに影響を与えただけではなく、私自身の人生観にまで影響するほどのものとなりました。

デューイについては、読者もご存じのように、アジア・太平洋戦争で敗戦となった日本の再建、民主化の流れで、戦後の「新教育」に多大な影響を及ぼしたアメリカの教育哲学者です。『経験と教育』『学校と社会』『民主主義教育』など、たくさんの翻訳書で知られています。私が大学生の当時、教職科目を担当していた松浦鶴造氏はデューイ研究で知られる教授でしたが、「教育原理」の時間にデューイについて私が発表することとなり、図書館で関連の図書を借りて、かなり力を入れた発表レジュメを作成して、授業の中で報告した記憶があります。なお、当時は、「ガリ版」といって、ロウ原紙に鉄筆で書いてそれをインク印刷するやり方でした。

ヘーゲル哲学との出会いは、卒論でした。いまは故人となられた藤井敏彦教授が私の指導教官でした。ゼミ指導の場面で、私が、一人の人間が色々の経験をしながら精神的にも大きく成長していくその過程を理論的に跡づけるような思想なり原点を探りたい、という趣旨のことを話しました。アルバイトと勉学の両立で、他の学生よりは生活に対する感覚がかなりあると見られたのでしょう。先生は、「矛盾を抱えた人間形成に関心があるようだから、こういうのはどうか」と何冊かの文献を紹介してくださったのです。ロバート・オーウェンの著作（邦訳）もありました。藤井先生は、国内でも、旧ソ連の教育思想家・実践家のA・S・マカレンコの代表的研究者ですが、私にはマカレンコの著作を紹介しなかったのは、今にして思えば不思議です。ともあれ、紹介された著作を借りて帰って集中的に読みました。

他のゼミ生はもうテーマも決まり、文献も準備し始めており、私だけまだ決まらないなかで、少しは焦りもあったかと思いますが、それでも自分の関心にぴたっと来なかったので、そのことを藤井先生に話しました。先生の研究室は、今にも倒れてきそうな山積みの文献・資料に囲まれた、狭い、昼でも薄暗い感じの部屋でした。かなりの時間を掛けて話しました。ほとんど先生は「聴き役」で、時折、私が言わんとすることを意味づけるような、わかりやすいコメントをしてくださいました。そういう「ひとくち論評」でとても定評のある先生でした。

それやこれやあって、「こういうのもあるが。折出君には少々難しいかも知れないが」と渡されたのが、ヘーゲルの『精神現象学』で、樫山欽四郎氏（女優・樫山文枝さんの父）の訳によるものでした。さっそくお借りして持ち帰って読み始めて、確かに翻訳自体は難解でしたが、なにかビビッと走るものを感じたような記憶があります。

そして、ヘーゲルの哲学、その人間形成に対する陶冶の思想を卒論でやることにしたのでした。悪戦苦闘の末に、卒業の一九七二年度に提出できました。論文題目は「ヘーゲル精神哲学における『労働=陶冶過程』の問題　――精神形成への媒介的規定と教育の一考察」でした。

今から見ても、なんと硬い表現かと思いますが、当時は、関連の哲学文献を読み浸る状態で、そういう思考形式になっていたのでしょう。『精神現象学』のドイツ語原著も自分で購入して、全文ではなくても内容上気になる箇所について樫山訳を対訳として付き合わせながら読み込んだほどでした。アルバイトに時間を取られていたので、空き時間には、集中的に文献を読みました。卒論作成時の冬の季節に、安いアパートの部屋で万年こたつに入って、自分なりに一生懸命ノートを取りながら、卒論の作成に取りかかった頃が、なつかしくもあり、また思考を鍛える上では後にも先にも、貴重な時間を得たのだなと今更ながら思います。

のちに大学教員になって、『変革期の教育と弁証法』という単著をまとめて東京・本郷にある創風社から出版する機会を得ました（二〇〇一年）。その中に卒論の文章を「補論　ヘーゲルの哲学と人間形成の弁証法」と題して収めました。民間教育研究運動で交誼を頂いている和光大学教授・梅原利夫氏が、ある日、東京・市ヶ谷の店で二人で飲んだとき、「自分の卒論を単著の中に入れた人はあまりいないなぁ」と私に話したくらい、珍しかったようです。私としては、自分の教育研究の原点となったのがその卒論でしたので、稚拙なものではありましたがそのまま収録したわけです。

実は、デューイも若い頃に、ヘーゲル哲学と出会い、弁証法の思考に影響を受けたようです。デューイ解説の文献を色々と読んでいて、そのことを知りました。デューイの有名な「相互作用」(interaction)、「成長」(growth) などには特に顕著に弁証法の思考が反映されています。

その意味では、私においては、学部生の時に教育学の講義がきっかけでデューイの教育思想に出会い、さらに卒論の研究でヘーゲル哲学と出会ったという、実に恵まれた思索の世界に誘っていただいたといえます。「大学紛争」で揺れに揺れた時期、その中の非常に限られた時間でしたが、本格的な哲学・思想の世界に、少なくとも自分としては真正面からぶつかって何とかその概念を理解しようと努めたことは、以後の精神的な自己形成に確実に影響を与えました。

しかも、この章の前半で綴りましたアルバイト体験（労働体験）でリアルに知ることができた「市井の人びとの暮らし」（前出、丸山眞男氏）の一端が、ますます私の「人間への興味」を太らせ、その具体相に惹かれ、目に見えないところでの固有の人生の価値を気づかせてくれたのでした。それがあったから、矛盾をはらんだ人間の形成にいっそう惹かれ、そこでの他者との出会い、その教育作用（人間形成作用）に強い関心を持つに至ったといえるでしょう。

このような個人体験からも、「自分の道を見つける場所」としての大学が、今後も開かれた知の世界として多くの若者を受け入れ、育てていくことを願うものです。

Ⅵ　大学は今どう変わろうとしているのか

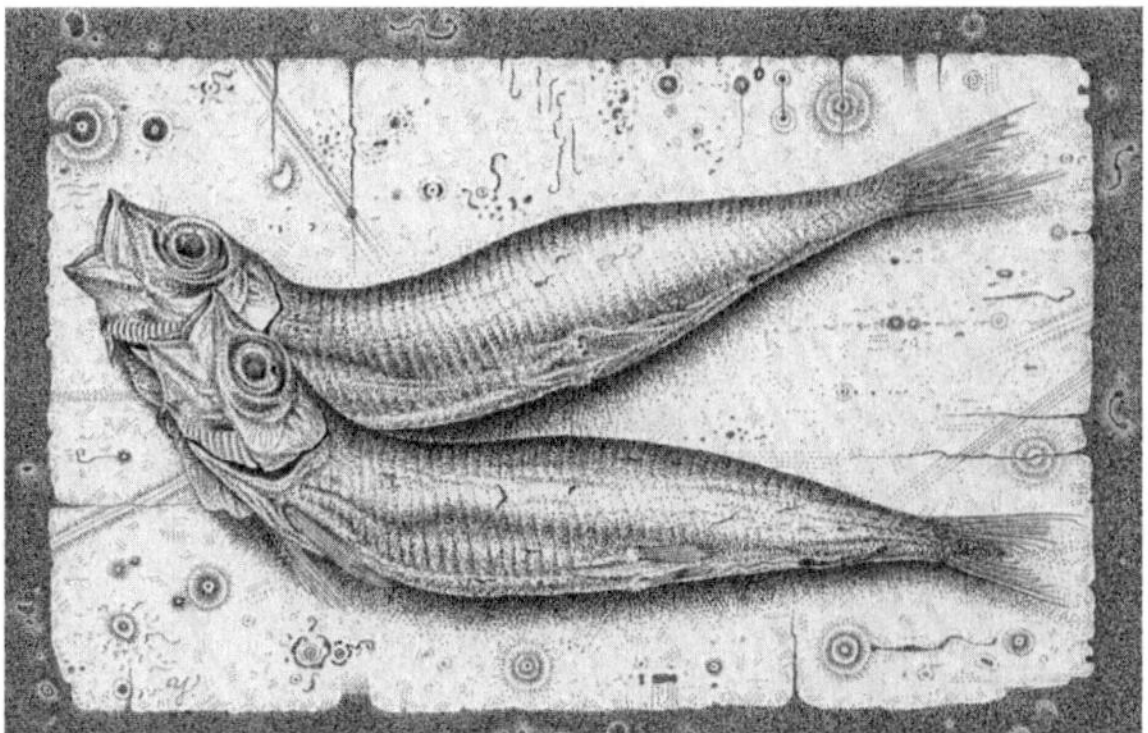

では、いま日本の大学は若い世代に開かれた場所として知の世界を提供できているでしょうか。これから一人ひとりの市民としての学びがますます重視される時代にあって、昼間制だけではなく夜間制・通信制も含めて大学で学ぶことは、人びとにとって大きな財産になっていくでしょう。ところが、いま大学の制度や運営のあり方に大きな変化が生じています。その問題を考察しながら、真理の探究を国民から負託されている大学のあり方を改めて考えてみましょう。

一　新自由主義による教育統制の仕掛け

我が国において一九九〇年代から、新自由主義が政策的に導入されています。それは、社会の諸価値は市場の競争原理によって最終的には決まるもので、その市場原理を基にして保持される社会秩序こそが最も合理的な社会のあり方だとする自由主義のことです。

市場とは物品だけではありません、人びとの能力・実力に市場原理が応用されるのです。この政治的な考えは、小泉内閣（二〇〇〇年代）のもとで、大幅な規制緩和等の政策によって推進・拡張され、現在の安倍内閣によって一層強化されています。たとえば、読者の地域で、大型スーパーが市街地に近い場所に進出して、もともとあった商店街にだんだんシャッターが降りて、そこの人通りが寂しくなった、という変化は起きていませんか。また、学校設置の法律も規制緩和されて、もともとの私立学校とは別に、民間企業の一種である塾産業が一定の手続きで学校をつくることができるようになっています。愛知県ですと、名古屋市にできたM塾の系列の小学校がそうです。

同じ自由主義でも、それ以前の旧い自由主義では、国家が平等な社会保障制度を維持できるように財政計画も立てながら、そのうえで多様な分野での企業間の競争を促進し、それらを日本の「高度経済成長」という価値実現に向けていくという政策でした。そこでも市場の自由競争は認められるのですが、一定の規制が設けられていたのです。

しかしながら、日本の国家財政や企業の国際競争が激化して資本の集積が行き詰まる中で、最近の政権は、アメリカのレーガン政権、イギリスのサッチャー政権にならった新自由主義的な統治を（その国々よりは少し遅れて）導入し、危機の打開を図るべく突き進んで、今日に至っています。今までは、国家が法律や教育・福祉の枠組みを設けながら、そのもとで自由に競争し互いに幸福追求するのを認めていく社会統治でした。しかし、新自由主義は、競争が展開するその場・環境そのものを政治権力がコントロールする統治の仕方にあります。このことを、佐藤嘉幸氏は、ミッシェル・フーコーの考察を手がかりにして「環境介入権力」と呼んでいます。その意味は次の通りです。

「規律権力は、社会の隅々に規律強化の装置（学校、工場、病院、刑務所など）を配置し、個々人に規範を内面化させることで彼らを『内的に服従化』しようとした。それに対して、新自由主義権力は、個々人の内面に働きかけるのではなく、むしろ個人が置かれた『環境』あるいはそのゲームの規則に働きかけることによって、環境を均衡化、最適化しようとする。このように新自由主義は、個々人に直接介入するのではなく、むしろ環境に介入してそのゲームの規則を設計することで、環境の最適化を図ろうとする権力なのである。私たちはこうしたタイプの権力を『環境介入権力』と名づけることができる」（佐藤嘉幸『新自由主義と権力〜フーコーから現在性の哲学へ』人文書院、二〇〇九年、六七頁）

「つまり、新自由主義権力とは、環境に介入し、環境を設計することで、統治不可能な偶然的要素を統治可能なものへと変換する権力なのである」。それは人間の生を出生率、罹患率、死亡率などと統計化して統治可能にする。その意味で、環境介入権力とは、「生政治の一つのヴァリエーションなのである」（同前、七〇頁）

実際の環境は、もともと偶然的な出来事が多発し、交差し、社会的な事案が展開する場です。そういう環境を「環境介入権力」は、「統治可能なものへと変換する権力」（同前）なのです。

すなわち、学校、民間企業・公共機関、地域社会のＮＰＯ等の民間活動などのさまざまな活動環境に対して、規則や制度を緩和したり、新規に設けたり、あるいは改定したりしてそれぞれの競争の枠組みを行政権力が操作するのです。こうすることで、競争環境を自然発生にゆだねるのではなく、それを意図的につくりだす。つまり、(時の政府または自治体行政が望む)結果が出るように競争自体を計画的にコントロールしていく自由主義、これが新自由主義です。

なぜ、長々と新自由主義の説明をしたかというと、その政策によって変化している公共機関の象徴的な現れが国立大学法人化、公立大学法人化だからです。国立大学・公立大学はそのままでも、その設置と経営の主体は、それぞれの大学法人に変えられたのです。「変えられた」と受け身で表現したのは、それぞれの大学が協議して国や都道府県にそのように変えてくれと具申したからではなく、国や都道府県の教育行政の転換として持ち込まれたからです。

その一番の理由は、競争環境のいっそうの拡大でありその徹底です。そうすることで、競争のもとで各大学としての教育力を高められると為政者たちは考えたのでした。もう一つの理由は、高等教育に投じる財政難です。競争原理にゆだねれば、各大学の経営力・教育力と、国際的あるいは地域的な貢献度などを目安に使って、一定の枠内の予算を分配したり、研究分野によっては企業からの資金援助を獲得することを促したりするなど、競争環境を徹底すればするほど大学経営にとっても、国の財政にとってもメリットが生まれると政府の政策立案者たちは考えたのです。

旧帝大系といわれる有名な国立大学はそこまでしなくても安泰ではないのか、と読者は疑問に思うでしょうが、そこは違うのです。たとえば、国際的な大学ランキング（大学所属の研究者の国際学会誌の掲載論文の本数や、研究論文の被引用件数などのエビデンスで評価される。）で見ると、東京大学など日本の有名国立大学が相当に順位が低いのです。それだけ、それぞれの国立大学で育てる「人材」の育成も、国際社会の競争環境からすると低く見られるなど、マイナス要因が多いと考えられています。

そのため、あらゆる国立大学に対して新自由主義の高等教育政策を適用して、競争の徹底による「脱皮」を図ろうとしてきています。

この一連の動向のキーワードは、自己選択と競争、評価、業務改善（自力改善）です。その現れ方は教育の問題としては、①市場個人主義、すなわち市場原理である私的選択の自由拡大と競争を人間関係の主導原理とする個人主義であり、②互いの差別化や自由分散化の容認、③自由競争の結果生まれる秩序を見越したルールへの適応・内面化にあります。

もともと「自己選択と競争」の拡大は、選択の自由の主体的条件の差異によって階層化と差別・選別を生み出すと共に、これを放任して進む競争に変貌しやすく、そうした弱者再生産の仕組みです。このロジックで、いま法人化後の国立大学間の格差（研究大学と機能別大学、グローバルな大学とローカルな大学）が生まれています（つくられています）。しかも、他大学との差別化によって「特色」を発揮せざるを得ない構図になっており、学内にはその「特色」への接近度ないしは優先順位によって学問研究のランキングともいえる見方が生まれる事態が起きています。

二　学問の自由

先に述べた新自由主義の政治に何らかの影響を受けながら大学の活動は展開されますので、大学の学問の自由を確立していくためには、新自由主義に対抗する自由のとらえ方をしっかりと持つことが大事です。私もその課題をめぐっていろいろと考えていたときに、デイヴィッド・ハーヴェイ、渡辺治監訳『新自由主義その歴史的展開と現在』作品社（二〇〇七年）という大著に出会いました。著者のD・ハーヴェイは、執筆当時ニューヨーク市立大学教授で、旺盛な議論をその本の中で展開しています。

以下、私が要点だと思うことをまとめてみます。箇条書きで示しますが、いずれもハーヴェイの論旨ですが、「　」内は彼の言葉です。

①もともと新自由主義とは「強力な私的所有権、自由市場、自由貿易を特徴とする制度の下で、個々人の企業活動の自由とその能力が無制約に発揮されることによって人類の富と福利が最も増大する、と主張する政治経済的実践の理論である」。

②その中核には「個人の選択の自由」を集団の意思にしていくという考えがありますが、「その中心部に重大な危機の可能性がある」。その「危機」とは、市民的自由をめぐって制限を加えたり、移民や他の人種を排除する方策が採られたりして（折出注記、こういう傾向を「新保守主義」と言います。）、民主主義と自由のあり方がひろく社会的に問題となることです。

③社会などない。あるのは個人だけだ。こういうサッチャー首相（当時）の言葉にあるように、新自由主義の統治が進めば社会はますます解体していき、民衆のつながりや不安感が増幅します。そのため、これを抑え束ねようとして政府は、「愛国心」などの「高い道徳的目標を前面に押し出す」のです。ハーヴェイによれば、このことは先の②と共に新自由主義が抱えるリスクを現しています。人間関係の解体を束ね直すように国家主義を強める。ここに新保守主義の本質があるのです。

④新自由主義の中心的問題は、圧倒的な上層権力のつくりだす軌道に従うのか、それとも階級意識を持ってこれへの抵抗・批判を展開するのかにあります。ここ

でいう「階級意識」は、単に労働者階級を指すだけではなく、ＮＰＯ、ＮＧＯをみずから組織して政治に主体的に参画していく多様で広範な市民層を含めて、ハーヴェイは肯定的に捉えています。

⑤新自由主義型の政策では、市場経済や軍事政策だけではなく、医療・介護、福祉、教育の諸施策についても「万人の利益になる」という名目で、同意を取り付けようとする点が特徴的です。しかし、この常套句と「一握りのエリート階級の利益になる」という新自由主義政策の本音とのギャップは、市民の前に露呈されます。

⑥これに対して、市民としての本来の権利を擁護して社会的な活動を展開し、真の自由と革新を求める運動を通じて、「抵抗の剣」をより強く鍛え上げていくことが、将来にとっての大きな変革力となります。

以上の結論として、ハーヴェイによれば、「新自由主義が説く自由よりもはるかに崇高な自由の展望」を追究し、その自由の獲得のための統治システムを、開かれた民主主義のもとで具体的な形にしていくことが重要だということです。

これらの諸課題に関連して、金子勝氏（経済学）によると、イデオロギー（前出）である「市場万能主義」と「市場原理」を区別すべきです。氏によると後者の「市場原理」は「ルールの束」で、この「束」を「押しつける」ことで「ルール圏の囲い込み」を行う点に、新自由主義の政策的特徴があります（金子勝『資本主義の克服～「共有論」で社会を変える』集英社新書、二〇一五年、五七頁）。

新自由主義による統治の特徴がほぼそのまま国立大学にも浸透しつつあるのが現在の姿です。大学・大学院に入学された学生・院生の皆さんも、教授陣と一緒になって、学問研究活動をどのようなものとして構築していくのかを意識して自分たちの学びと研究を創り出していく必要があります。

私たちが大学で行うことは、市場的競争の評価にプラスとなるようにと、利害打算で学問研究を操作していくことではありません。あらゆる分野の学問の基本となるべき事実認識、自主的思考、批判的精神をしっかりと確立して、自分たちの学びと教授と研究を連携させていくことです。

この課題は、ひと言で言えば、学問の自由を守り発展させることです。大学関係者同士が相互の広がりとつながりをもつことで力を得る（回復できる）ことができます。既存の枠組みや専門分野のなかだけで研究の自主性と自由を主張するのではなく、所属の学科・教室、講座を超えて学部や大学全体、さらには学会や地域の市民的諸集会、研究会等の様々の垣根を越えて、「研究とは何か」「大学はどうあればいいのか」を問うていくことが重要です。それを、教員同士だけではなく、学生・院生、そして市民も交えて問いあい、語りあう関係を再構築していくところに、新しい大学の形があるのではないでしょうか。

そのような市民の間での「大学のあり方」論が、研究する者同士の民主的共生を立ち上げ、自らの手で学問の自由を守っていく営みに息吹を与えます。その一歩は研究者および学生・院生にとっての目標だし、その一歩に価値があります。そこから、研究者自身による学問の自由を守るための「大学の自治」が新たな意義を得るのです。

それは、市場原理の「ルールの束」（金子氏）に対して、大学人が共同して、学問研究の倫理と対話のルールを構築することを意味します。

三　何を為すべきか

1　大学における研究と教育の結合から

では、どうしていくべきか。

何よりもまず、学問研究は平和と民主主義の原理に基づいて行われるべきだ、ということを再確認しておきたいと思います。学問の自由を根拠に戦争政策に加担していくことがあれば、その構想段階から研究内容は批判され、克服されていくべきです。

この文脈で言えば、大学教育に関わるすべての人々が「現代の大学が市民的役割をどのように遂行し、それを通して、民主化のプロセスにどのように貢献するのか」（ガート・ビースタ、上野正道他共訳『民主主義を学習する』勁草書房、二〇一四年、一〇〇頁）という問題意識で研究と教育を捉え返すことです。大学は学問探求という営みを通じて民主主義の発展にとっても重要な拠点となります。

次に、新自由主義への対抗軸とは何かを考えておかなくてはなりません。吉崎祥司氏は、自由・平等の実質的実現につながる生存権、教育への権利、勤労の権利などの社会権を再構築することが対抗軸になると述べています（吉崎祥司『「自己責任論」をのりこえる～連帯と「社会的責任」の哲学』学習の友社、二〇一四年）。

学問研究と教育の営みが社会権を行使する一環であり、その主体者たる研究者の社会的責務について各専門分野を超えてオープンに協議し、市民も交えて学問のあり方を議論する用意をしなくてはなりません。学問研究の社会権的捉え直しは、現状ではまだ弱く、今後の活動でこの方面の理論的な強化が必要です。

さらに、数値化されない事象及び関係性にこそ、打開の鍵があります。数値化されたデータが市場競争的な評価の判断の根拠に使われ、これに応じようと、あらゆることを数値化する動きもいま活発になっています。そのため、何を、何のために学問的に追究するのかという理念の面が疎かになる傾向も生まれています。業績争いの研究環境において、研究者は先に述べた対話の環境づくりに参加するよりは自分の研究のために時間を使いたいという状況が広がって、ますます研究者どうしの関係は分散していく傾向にあります。最近の国立大学の教授会では討議があまり起こらないという経験談はそれを物語ります。

2　人間の立場で考える

大学はどうあればよいか。この主題に関して、故真下信一氏の言葉も引き継いでおきたいと思います。真下氏は名古屋大学教授・同名誉教授などを務められ、多くの若い世代に生き方や精神的な支柱の面で影響を与えた哲学者でした。私は著作を通じてしか知りませんでしたが、学生時代に、とても刺激を受けた方でした。

真下氏の文章は今から四十年前の状況と推察されますが、それは、現在、そしてこれからの大学のゆくえにヒントになることを述べています。氏は、「せっかくの大学という場を、そこに学ぶものの将来の世間的実利の物差しだけで測るという考え方がゆがんでいるし、浅薄に過ぎるということである」と問題提起をしています（真下信一『時代に生きる思想』新日本出版社、一九七一年、一一八～一一九頁）。

では、改めて大学とはどういうところであるべきか。真下氏は、「とらわれない『人間』の立場で考えることを学ぶこと」を強調します（同前、一一九頁）。このことは、「人間的」とはどういうことか、そのことが体験的にわかることであり、氏の言葉を借りれば「少なくともわかるセンスを養うこと」を指しています（同前、一二〇頁）。

すでに本稿で見てきましたように、新自由主義的な仕掛けに追い立てられるようになっている現在の大学は、ややもすると真下氏の言う「人間的」な真理探究からそれて、ある結果を出すための実利・功利の研究機関に変わる恐れさえ出てきています。今一度、原点に立ち戻り、何を志して大学に入ったか、何のためにそこで教授し研究してきているかを問い直してみるときではないでしょうか。

今大学らしさを保持するためには、一人一人の大学教員も、院生・学部生も共に研究テーマを探求する自由を自覚し、分野を超えた連帯を共に創り出すしかありません。また、教授陣としては、若手研究者である大学院生等との開かれた研究討議空間を大事にすることも、大きな打開の鍵となります。そうすることで、業績優先の経営者的研究像を脱していくことが、結局は、国民からの信頼を得る道だと私は思います。

終章　アザーリングのすすめ

1　太宰治『走れメロス』とアザーリング

本書のまとめにあたり、国民的な作品の一つである太宰治『走れメロス』から、話題を引き出してみます。この作品には、前節で述べたアザーリングのテーマが見事に展開されていると思います。ここでは、授業研究が目的ではないので、同作品の教材価値や主題という観点から議論するものではありません。同作品は、周知の通り、次のようなストーリーです。

十六歳の妹と二人暮らしの、村の牧人・メロスは、暴君のディオニス王を殺害しようとした疑いで捕らえられ、処刑されることとなった。メロスは、たった一人の妹の結婚式を村で挙げてから戻るから、三日間の猶予が欲しい、自分の代わりに無二の親友・セリヌンティウスを来させて、人質とする、と言って、暴君は、メロスに騙されたふりをしてその友人を処刑してやればいいと、残虐な気持ちからこれを受け入れた。妹の挙式を見届けたメロスは、一心に友人の待つ場所をめざして走った。途中の川の濁流も、山賊の妨害も乗り越えて、走った。陽の落ちる前に刑場に着いて、刑の執行に待ったを掛けた。二人は、お互いが相手を疑ったことをわびながら抱き合って、泣いた。これを見た暴君は、刑の執行を止めたばかりか、邪悪な王の心に勝った二人に、「自分も仲間に入れてくれ」と頼んだ。この作品の主題は「信頼」「友情」など色々と解釈されてきました。

私は、この作品が描いている世界は、一人ひとりの人間には、誰か他者のために、その生存のために果たすべき類的特性がある、ということだと考えます。その類的な性質は、他者の生存を左右しかねないほどに大きな可能性を持っているので、その自覚こそ人間としての生き方だ、それが互いの信頼を生む源泉だということです。そういう主体的な存在として、自己は誰かの欠かすことのできない他者である、ということです。人が信じられず、身内の殺害を繰り返してきた暴君には、そのような他者の発見・出会い直しが必要だったのです。

メロスが、難関を乗り越えて後もう少しという地点を走っているとき、途中から石工・セリヌンティウスの弟子が追ってきて、もう間に合いそうにないから、メロス自身の命のためにもここで止めてくれ、と懇願します。

しかし、メロスは、最後まであきらめずに走るのですが、その時のメロスの心中を作者はこう書いています。

「それだから、走るのだ。信じられているから走るのだ。間に合う、間に合わぬは問題でないのだ。人の命も問題でないのだ。私は、なんだか、もっと恐ろしく大きいものの為に走っているのだ」

ここでいう「もっと恐ろしく大きいもの」のために走る。この短い言葉がこの作品の全てを表しているのではないでしょうか。

それは、親友との間にかわした約束以上のものであり、途中で命拾いをしたくなって間に合わなくなると公言した王の残虐さに打ち勝とうという思い以上のものです。私流の言い方になりますが、他者のいのちを守る、そのために自分はそのひとの他者として生きる。こういう関係性を自分から創ることが、人が誰かのために行動することの真実であることを、『走れメロス』はリアルに、しかもわかりやすく描いたのです（以上の『走れメロス』からの引用は、青空文庫、kindle版、二〇〇〇年、によります）。

だから、その作品の根底にあるテーマは、人としてのアザーリングとは何か、であると私は考えるのです。

2　他者とつながる連帯の知　弁証法と自立

ヘーゲルの『精神現象学』では随所に「他者」概念が登場します。原文のドイツ語では der Andere です。これを「他者」と表すことは、哲学分野の翻訳用語に頼っています。「他者」とは「人間の思考の根本概念」であり、「現象学の登場を待って」定式化されたようです（石塚正英・柴田隆行監修『哲学・思想翻訳語事典増補版』論創社、二〇一三年、一九三頁）。石塚氏らによると、『他者（der Andere）』とは、『私』を抽出し、問題として取り上げるかぎり必然的に『私』と対峙するものとして措定される『もう一人の私（der andere Ich）』のことであり、『私』を根本において成立させる不可欠の要素、概念である」（同書）。このような根本概念の「他者」論の端緒を築いたのがヘーゲルの先の著作でした。

真下信一『時代に生きる思想』（新日本新書、初出一九七一年）には、「私の古典――ヘーゲル『精神現象学』」と題する論考が収められています。真下氏はカント研究をしていたが、京都帝国大学の大学院でヘーゲルに出会い、当時の指導教授・田辺元氏から指導を受けていました。その頃、岩波書店刊の日本語訳のヘーゲル全集が企画され、田辺氏から『小論理学』の翻訳を持ちかけられたのでした（『ヘーゲル全集1　小論理学』真下信一・宮本十蔵共訳、岩波書店、一九九六年）。

話を戻すと、『精神現象学』は、真下氏によると、精神が「直接的な低い次元、つまり対象と意識が酷くかけ離れて矛盾している立場から、そのかけ離れ、矛盾に気づきながら、だんだんにそれを克服していきまして意識と対象がしだいにより添って、最後に知すなわち存在、という立場、知る立場と知られる立場とが一つのものであるような、絶対的な哲学の立場に到達する」（同前、二〇六頁）として、その精神がたどるプロセスを克明に描き出した書物です。

前に書いた通り、私も広島大学教育学部の時代に卒論でヘーゲルの同書に出会い、悪戦苦闘しながら、読みました。そして、弁証法という彼の哲学の真髄に大きく影響されました。それは今も続いています。

ヘーゲルは、右の『小論理学』の中で弁証法についてまとまった解説をしています。真下氏の訳（前掲書）にそって、私なりにつかんだ要点を述べます。

まず、「総じてそれ（弁証法：折出注記）は現実におけるあらゆる運動、あらゆる生そしてあらゆる活動の原理である」こと（同書、二二一頁）。だから、「弁証法的なものをきちんとつかんで認識すること」がとても重要で、「弁証法的なものは真に学問的な認識の魂である」ということです（同書）。

では、弁証法的なものとは、いったいなにか。それは、有限なものは外から制限される存在という特性をもつだけではなく、「それ自身の本性によっておのれを揚棄し、それ自身によってそれの反対物に転化してゆく」ことです（同書、二二一～二二二頁）。

ここでいわれる「揚棄する」とは、原語の aufheben の訳語です。原語自体が、「保つ・棄てる」の異なる意味を持ち合わせているので、「高まる」の「揚」と「棄てる」を合わせた漢語の哲学用語になったのです。しかし、これはとても重要な意味を持っています。先ほどからの弁証法的なものが意味する文脈から言うと、あらゆるものは、そのものの特質を保持しながら、その他の物を棄てていくことで変化する、今とは別のものにみずから変わっていくのです。それがそのものの本質部分なのです。ヘーゲルが使っている例にならえば、人間には生と死の二つの特殊性があると一般には見られているが、そうではなく弁証法的には「生が死の萌芽を自己の内に蔵する」(二三二頁)のです。生と死は一体のことなのです。

次に、弁証法は人類の叡智の歴史を反映しています。それは古代のソクラテスを経てプラトンによって「自由な学問的な思考形式」、つまりものごとの固定した知的理解を打ち破って進む理知の力として整えられました。その後、近代のカントによって哲学の確たる地位に位置づいたのでした。今や、哲学を超えて私たちのまわりにある一切のものが弁証法の例です。すなわち、「どんなにみずからを確固不動と思っているものでもそのままに存続させておかない普遍的な不可抗力」(二三四頁)として弁証法は現れるのです。「法の極みは不法の極み」となること、無政府主義が極まると専制に転化すること、あるいは「驕るもの久しからず」「過ぎたるは及ばざるがごとし」などの格言のうちに弁証法的な認識が表されています。

真下氏は、弁証法を何か思考の公式のように捉えるのは誤りであって、次のように捉えるべきだと、最も重要なことを述べています。「ただ無心になってあるがままにものを見、ものを考えること、そのようにしてものの動きと一体になろうとすること、このことこそがかえってほんとうの弁証法の精神にほかならぬわけであります」(同前、二一四頁)

ちなみに、哲学者を解説した概説では、ヘーゲルはドイツ観念論の最高峰で、観念論者と説明されていますが、実は、非常に実証的な認識方法を徹底していくところがあるのです。そこに注目したのが、当時若かったカール・マルクスで、彼は、ヘーゲルの弁証法は「逆立ちしている」と批判しつつも、右に引用した真下氏の見解の通り、ヘーゲルの弁証法の真髄はしっかりと学び取って、後に、これを当時の先進国イギリスの経済的・社会的・階級的な実体としてつかみ、そこで生活する労働者大衆の主体性、そしてその社会的・階級的な力による変革とはなにかを考察しました。これがマルクスの代表的著作、『資本論』です。

教育学を研究してきた私の関心は、ヘーゲルの弁証法を、自己が他者とつながり、そこに連帯が生まれ、そのネットワークと活動を通じてそれぞれの個人が社会的・文化的に自立にいどんでいく、その過程を合理的に捉えることです。

私なりに学んだ弁証法の具体的な考え方と実践を以下の三つの位相から整理しておきます。

一つは、存在するものは常に運動する主体であって、それは量から質へ、質から量へと変化・発展していきます。今起きている事例で言えば、働く女性が子どもを保育園に預けようにも定員不足で入れない。ある母親が保育園に申し込んだが落ちたことを怒って、二〇一六年二月十五日、あるサイトの「ダイアリー」に「保育園落ちた日本死ね」と投稿したところ、瞬く間に反響が広がった。

ちょうど通常国会が開催中で、参議院の予算特別委員会でこの問題が取り上げられました。はじめは安倍首相も、個別の動きにはとらわれないという態度を取ろうとしたが、これに怒った女性たちが保育所の増設、待機児童の解消を訴える署名を全国で二万数千筆に至るほどに集め、これが力となって国会の論議を後押ししました。安倍首相や塩崎厚生労働相が質問の矢面に立たされ、真剣な答弁を繰り返し求められました。そして、現状の改善につながる方向、充実の施策へと急展開していったのです。

例えば、田村智子議員（日本共産党）は、「働く女性が子どもを保育所に預けたいが定員不足でみつからない、このままでは仕事を辞めざるを得ない、何とかして欲しい」という切実な声を委員会で紹介し、子どもの発達の保障と女性労働者の仕事をとおしての自立を一体のこととしてつかみ、これを支援する国の政策が必要だと迫りました。この田村議員の論点の組み立てそのものが弁証法の活用の成果になっていることに注目しておきたいと思います。

二つめに、弁証法は、対立するものを一つの存在体として捉えます。ヘーゲルは、『大論理学』という書物で、「対立物を統一的に捉えること、否定的なものの中に肯定的なものを把握すること」を挙げています（各氏の訳書がありますが、私は寺沢恒信訳『ヘーゲル大論理学1』以文社、一九七七年、五九頁を参照しました)。すぐ続けてヘーゲルは、この「否定的なものの中に肯定的なものを把握すること」は、「最も重要な、だがしかし訓練されていなくて自由になっていない思考力にとっては最もむつかしい側面である」と述べています(同前)。旧ロシア時代の革命的活動家、レーニンが亡命中にヘーゲルのこの哲学書を読んで『哲学ノート』をまとめたのは有名で、その中でレーニンは「弁証法　対立物の統一」と書き込んでいます。対立する要素・側面があるからものごとは存在し続けることができ、運動していくことができるのです。

この見方は、私たちの日常の暮らし方・生き方にとってとても大事です。目の前の現実と向き合う際に、視野を広く持ち、否定的要素・否定面ばかりでなく、一つのものごとの中には肯定的要素・肯定面もかならずそこにあるのだから、これを確かに読みとれるかどうかが次の一歩を踏み出すカギです。実は、この弁証法の見方は、弁証法とは断らないけれども私たちの接する多様な場面ですでに、少々アバウトながらも使われてきています。

例えば、スポーツ試合のなかで「ピンチはチャンス」と言われ、また仕事や職場づくりの運動などで「明けない夜はない」と言われ、今日涙したことは明日には喜びとなって戻る、といったように、人生の経験から引き出された合い言葉のような現実認識を私たちは参考にしていいと思います。

このテーマとの関連で、「自己肯定感」にも言及しておきます。この主題に関しては四十年余も取り組んで来られた臨床心理学者の高垣忠一郎氏が早くから提起されています（高垣『生きることと自己肯定感』新日本出版社、二〇〇四年他）。特に登校拒否・不登校がつづいて、学校への囚われも働き悩み苦しみながら日々を過ごしてきた、あるいは過ごしている子どもや若者にとって「自己肯定感」の提起はとてもおおきな勇気づけになってきています。

その概念への異論というよりは、私は、「自己肯定」は自己否定をくぐり自己否定との緊張関係の中ではじめて成り立つことを重視したいのです。

子どもの現実においては否定面があるが、その否定面の中に肯定面をつかむという弁証法からすれば、「学校に行っていない」面ばかりを見るのではなく、いま、ここで子どもが自分のことで何を模索し、どう自分の世界を築こうとしているか、そこを丁寧に見ていくことが大事です。しかし、一人ひとりの不登校の様子からすると、様々な不安や悩み、将来への見通しのなさなど否定面が目につきます。そのとき、不登校の子どもに伴走しながら、「あなたらしく生きてみよう」と共感的にかかわって、いま・ここにいる彼あるいは彼女を受け止め認める他者の登場がどうしても必要です。知的な子どもは、物語や小説を読んで、その登場人物にその他者を見いだします。

「自己肯定」は、その人の自己否定をくぐる中で、自己否定故につかんだ肯定的な他者の助けで生じるものだと、私は見ています。

ここまで、量から質、質から量への変化、対立物の統一性という二つの特徴を述べてきました。弁証法の三つめの（といっても順番ではありません。）特徴は、存在の連続と非連続の統一性にあります。

過去の苦しい体験を乗り越えて歩みだすことです。私が卒論指導で関わった事例があります。いじめ被害体験のあるFさん（女性）は、入学後に寮で同じ部屋だった女子学生に、ある日、自分が受けたいじめ被害のつらさを語り、彼女もじっくりと聴いてくれて、夜が明けるまで話し込んだそうです。その対話を経て、Fさんは、ずっとトラウマのように心理的負担であった被害体験を客観的に見られるようになり、いっそう教育の問題に関心を深め、卒論でいじめ問題を取り上げて書き上げました。

Fさんの事例にはっきり出ているように、「いじめを考える・向き合う」という一面ではFさんの活動過程において連続し、半面、もはや「いじめ被害の自己」ではなく「いじめ克服を追究する自己」へと非連続の展開が生まれたのです。ここにFさんという一人の人間の主体性が成り立ったわけです。

もっと一般的には、いじめ被害にあった子どもたち、非行に走った子どもたちについても、同じように、その子どもたちの自立過程において連続と非連続の活き活きとした関連を読み取ることは、子どもの発達支援において欠かすことのできない観点です。

社会科学的な論点にも目を向けておきましょう。マルクスが『資本論』で分析した事柄も含めて言えば、資本主義生産様式で創り出された大工場生産のメカニズムや技術開発など、人類のすぐれた財産はそのまま引き継ぎながら、資本家の思うように労働者を搾取できる社会の統治機構そのものは、実際に生産を担う労働者の立場に立って改革される・転換される。これが革命だということです。ここに、連続と非連続の歴史的で社会的なおおきな「実験」（実践）があります。

3　まとめ

アザーリングは、前にも述べましたように、自分にとって根本的存在の他者を得る、自分も誰かの他者になる、そういう自己と他者の関係の総体を動的に表している言葉です。さらに、私は、他者という存在のもつ独特の意味を感じ取り、考え、認識していくという主体自身の成長・発達からすると、othering とは、other と being（存在すること）のクロスする言葉ではないかと、最近考えています。

身近な人間関係だけではなく、学校や職場、地域の仲間集団においても、ひろく自国民と他国民の関係においても、それは重要な原理だといえます。何よりも、暴力のない、平和な人間関係を日々築いて行くには、他者がそばにいること、自分も他者であることを意識した上で社会参加を豊かに創りだしていくことです。

あとがき

二〇一六年四月に、前任校の愛知教育大学で学生の皆さんに話をしたのを機会に、若い方向けの冊子を書こうと思い立ち着手しましたが、推敲するうちに構成がしだいに動きました。その結果、前から書きたいと思っていたテーマを正面に据えることにして、何度も組み直してやっと形になったのが本書です。右の講演会を主催した学生Mさんからの「ぜひ読みたい」の声が背中を押してくれました。「アザーリング」という用語を書名におくのは、本書が国内では初めてでしょう。海外でも「other」を使った書物はありますが、「othering」は、管見では見かけません。

本書の基にした小論は複数ありますが、いずれも大幅に書き直し、文体も読みやすくしましたので、原形とかなり違います。主な初出を明示しておきます。

第Ⅱ章　「私たちのスタート地点」『生活指導』二〇一三年十・十一月合併号、高文研。第Ⅳ章　あいち県民研究所の年報『あいちの子育てと教育と文化　20

11』（二〇一一年五月）所載の拙論。第Ⅵ章「新自由主義のポリティックスと大学自治の危機」『日本の科学者』二〇一五年七月号、本の泉社。

本書は、前作『そばにいる他者《ひと》を信じて子は生きる—伴走者という役割—』で述べていた、人格的自立にとって不可欠の他者の存在やその意義について、これをより体系的にとらえ、社会論・自立論、そして哲学の弁証法を、ひとまとまりの主題として述べたものです。前作に続いて、ほっとブックス新栄の藤田成子氏はじめスタッフの皆様に大変お世話になりました。厚く感謝申しあげます。本作でも山下弘喜画伯の作品を表紙画と各章扉の画として使わせていただきました。心より御礼申しあげます。

折出　健二

折出　健二（おりで・けんじ）

1948年、広島市生まれ。

広島大学大学院教育学研究科修士課程修了（教育学修士）。

国立大学法人愛知教育大学理事・副学長を経て、同大学名誉教授。2015年より、人間環境大学看護学部特任教授。

専攻は教育方法学、生活指導論。

著書『人間的自立の教育実践学』（創風社）、『教師のしごとシリーズ1　生活指導とは何か』（共著、高文研）、『そばにいる他者を信じて子は生きる』（ほっとブックス新栄）ほか。

2015年8月開催の「登校拒否・不登校問題　全国のつどいin愛知」実行委員長。

他者ありて私は誰かの他者になる
――いま創《はじ》めるアザーリング――

発行日：2016年7月20日

著　者：折出　健二
発　行：ほっとブックス新栄
発行者：藤田成子
〒461-0004　名古屋市東区葵一丁目２２の２４
Tel：052-936-7551　　FAX：052-936-7553
印　刷　　エープリント
ISBN　978-4-903036-27-4

好評発売中

そばにいる 他者《ひと》を信じて 子は生きる

──〈伴走者〉という役割──

折出　健二　著

殺伐として将来の見えない社会環境ではあるが、希望を探す限り、人々の関係性は可能性を秘めている。自己知の問いかけに応答してくれる共育ちの他者が現れるならば、人は内なる応援者を得て、元気に歩み出せる。あらゆる年代の人々が今、その他者＝〈伴走者〉を欲しているのである。

教育と子育てを本来の姿に取り戻すために今できることは、私たちが子どもの成長に資する共育ちの他者を多彩に演じ、子どもの成長の〈伴走者〉となることだ　と熱く語る。

46判縦書き　　本体　　1,100円
発売：ほっとブックス新栄
発売日：2015年8月29日
ISBN　978-4-903036-25-0